AF636852

Inhalt

Vorwort 4

Der Herbst 5
Herbstzeit 6
Blattfärbung 9
Nebel 23

Wind, Wind, Herbstwind 27
Der Wind 28
Die Beaufortskala 36
Windräder 38

Tierisches im Herbst 45
Der Igel 46
Der Kolkrabe 53
Das Eichhörnchen 59

Herbstzeit - Erntezeit 65
Obst oder Gemüse? 66
Der Apfel 71
Getreidesorten 76
Die Kartoffel 79
Der Kartoffelkäfer 81

Feste im Herbst 84
Erntedank 85
Halloween 90
St. Martin 97

Anhang 104

Register 122

Die Autorin/Der Illustrator 124

Vorwort

Der Herbst bietet so viele Möglichkeiten, die Kinder mit der Natur vertraut zu machen. Schon zu Beginn des Herbstes färben sich die Blätter der Bäume, gelb, rot, orange und braun fallen sie bunt gefärbt zu Boden. In dieser Zeit braucht es keine teuren Anschaffungen, um ihn in die Einrichtung zu holen, sondern nur das, was uns der Herbst anbietet. Kinder haben von Natur aus eine ausgeprägte Sammelleidenschaft, die ich mir bei einem Spaziergang im Herbst zunutze mache, indem ich sie mit Eimern oder anderen Behältnissen ausstatte und ihnen die Aufgabe stelle, alles, was herbstlich ist, einzusammeln. Dazu brauchen sie keinen großen Wald, ein einziger Baum reicht hier oft schon aus. Die gefundenen Naturmaterialien – bunte Blätter, Zweige, Kastanien, Zapfen, Eicheln ... – haben für Kinder einen hohen Aufforderungscharakter, sie werden wie kleine Schätze behandelt und laden ein, kreativ zu sein. Sie können z. B. ein Herbstgesicht aus Eicheln, Blättern und Stöckchen auf den Boden legen oder aus gesammelter Rinde, Zweigen und Blättern einen Herbstbaum ins Gruppenzimmer bringen. Auch das Wetter gibt uns Anregungen für den Herbst. So erfahren die Kinder die Dunkelheit mehr – daraus können sich Schattenspiele entwickeln. Der Nebel, der morgens auf dem Weg in die Kita noch über dem Boden schwebt, hat etwas Unheimliches und wird durch einfaches Experiment erklärt. Dem Wind räume ich ein ganzes Kapitel in diesem Buch ein. Er ist zwar das ganze Jahr zu spüren, doch im Herbst meist kräftiger zu erleben. Einfach und verständlich wird den Kindern vermittelt, wie Wind entsteht. Sie beschäftigen sich mit den Fragen: Können wir den Wind riechen, hören und sehen? Können wir uns den Wind zunutze machen? Zu Beginn des Herbstes wollte ich von den Kindern wissen, welche Tiere für sie in diese Jahreszeit gehören. Igel und Eichhörnchen waren da keine große Überraschung, aber der „Rabe"! Mir war nicht bewusst, wie die Kinder diesen Vogel erleben und was sie von ihm denken. Gleich zu Anfang stellten wir fest: Rabe ist nicht gleich Rabe. Es ist schön zu erleben, wenn mich die Kinder jetzt auf einem Spaziergang auf einen schwarzen Vogel hinweisen und sagen: Das ist eine Krähe oder eine Dohle. So kann ich sehen, dass die einzelnen Angebote Früchte tragen. Früchte gibt es im Herbst genug und überall wird geerntet. Wir lernen Obst-, Gemüse- und Getreidesorten kennen und feiern zusammen Erntedank. So schließt sich der Kreis, der im Frühjahr mit dem Säen seinen Anfang hat. Zwei weitere Feste stehen im Herbst an, zum einen das immer beliebter werdende Halloween. Ich greife es gerne auf, um etwas Spaß in die etwas düster werdende Jahreszeit zu bringen. Denn den Kindern gefallen lustige Geistergeschichten und auch gruslige Kürbisköpfe. Der St. Martin lädt ein, Laternen zu basteln und das Teilen zu thematisieren.

Das Buch bietet zahlreiche vollständig ausgearbeitete Angebote, die von mir mit Kindern durchgeführt und erprobt sind. Dabei ist es mir sehr wichtig, dass die Kinder jederzeit in die Planung und Durchführung eines Angebotes einbezogen werden. So ist alles praxisnah und lässt sich ohne großen Material- und Zeitaufwand direkt umsetzen. Viele Kopiervorlagen, in Form von Arbeitsblättern oder Vorlagen für Bastelarbeiten und Spiele, erleichtern die Vorbereitung der Angebote.

Ich wünsche Ihnen und den Kindern mit diesen Anregungen eine farbenfrohe Herbstzeit.

Anja Mohr

Ernte, Laub und Sturm

Ganzheitliche Spiel- und Lernanregungen zum Thema Herbst

Ökotopia Verlag, Aachen

Impressum

Autorin Anja Mohr
Illustrator Boris Braun
Fotos Anja Mohr
Covergestaltung PERCEPTO mediengestaltung
Layout & Satz designmeetsmotion.com, Katharina Hoffmann
Druck Leo Paper Products Ltd., Heshan, China

ökotopia

ISBN 978-3-86702-429-7

Bleiben Sie in Kontakt

www.oekotopia-verlag.de

Der Herbst

Herbstzeit

Der Herbst ist eine der vier Jahreszeiten und beginnt astronomisch mit der Tagundnachtgleiche am 22./23. September. Von nun an werden die Tage kürzer und die Kraft der Sonne lässt spürbar nach. Eigentlich ist der Herbst die farbigste Jahreszeit: Eine bunte Pracht, die sich auf einem Waldspaziergang genießen lässt. Die vielen reifen Früchte und leuchtenden Herbstblumen lassen uns den Herbst mit allen Sinnen genießen. Das Wort Herbst hat denselben Ursprung wie das englische Wort harvest, übersetzt: Erntezeit. Ursprünglich bedeutete Herbst also Erntezeit. Diese ursprüngliche Wortbedeutung findet sich noch bei einem Fachausdruck für Wein lesen, was regional auch als „herbsten" bezeichnet wird.

Exkursion Den Herbst entdecken

Alter: ab 3 Jahren
Material: Kamera, Plakatpapier (DIN A3), Zeitschriften, Stifte, Malpapier, Schere, Kleber

Um mit den Kindern den Herbst zu entdecken, braucht es keine Vorbereitung. Auf einem einfachen Spaziergang bekommen die Kinder die Aufgabe, Zeichen des Herbstes aufzuspüren. Bei diesem Spaziergang wird alles notiert, was aufzeigt, dass der Herbst Einzug gehalten hat: die bunten Blätter oder Früchte an den Bäumen wie Kastanien, Äpfel oder Birnen. Es werden alle Beiträge der Kinder notiert bzw. Anregungen für Fotos von den Kindern aufgenommen.

Zurück in der Einrichtung tragen die Kinder alles auf einem Plakat zusammen. Hierbei können sie aus Zeitungen und Zeitschriften weitere Situationen und Dinge, die sie mit dem Herbst in Verbindung bringen, ausschneiden, malen und aufkleben.

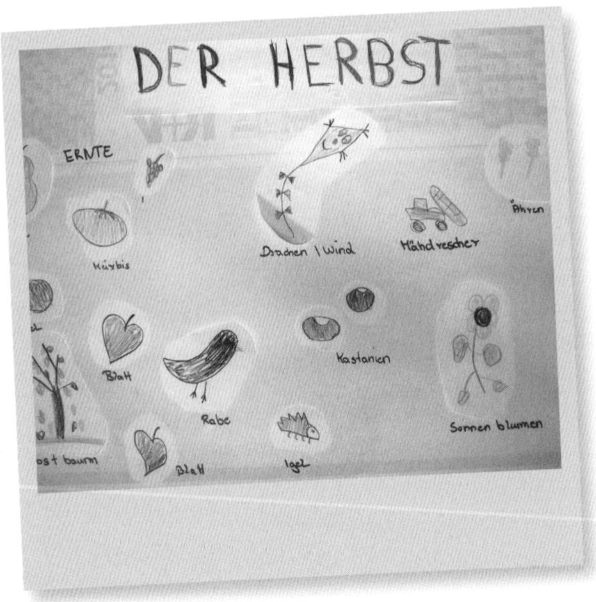

Herbstbaum

Kreatives Angebot

Alter: ab 3 Jahren
Material: Fingerfarbe (braun), Malblätter, Pinsel, Seidenpapier (gelb, orange, rot und braun), Wattestäbchen, Fingerfarbe (gelb, orange, rot), 3 flache Schälchen, Kleber, Klebefilm

Die Hand des Kindes wird mit brauner Fingerfarbe bestrichen. Die bemalte Hand mit gespreizten Fingern in die Blattmitte drücken. Die Finger sind die Äste des Baumes. Mit dem Pinsel eine Verlängerung am Handballen als Stamm malen. Nach dem Trocknen lässt sich der Baum wie folgt ausgestalten:

Knülltechnik: Aus dem Seidenpapier kleine Stücke reißen und diese zu Kügelchen formen. Diese Kügelchen werden an die Äste, unter dem Handabdruck-Baum oder auch fallend angeklebt.

Wattestäbchen: Die Fingerfarben (rot, gelb, orange) jeweils in ein flaches Schälchen geben. Mit dem Wattestäbchen in die Farbe gehen und damit die Blätter an, unter oder fallend rund um den Baum drucken. Für jede Farbe ein neues Wattestäbchen verwenden.

Erlebnisturnen

Spaziergang durch einen Herbstwald

Alter: ab 3 Jahren
Material: 1 Zeitungseite für jedes Kind, 1 Langbank

Die Kinder kommen im Bewegungsraum zusammen, in dem für jedes Kind eine auf DIN A4 gefaltete Zeitungsseite liegt, und setzen sich in einen Kreis. Führen Sie zunächst ein kurzes Gespräch darüber, was sich während der Herbstzeit in einem Wald verändert. Weisen Sie die Kinder auf die am Boden liegenden Zeitungsseiten hin und erklären Sie, welche Bedeutung diese für die Bewegungsgeschichte haben.

Heute gehen wir in den Wald. In diesem Wald hat der Herbst Einzug gehalten. Kommt und lasst uns sehen, was wir auf diesem Spaziergang alles erleben können.

Alle Kinder spazieren durch den Raum.

Die Bäume haben schon viele Blätter verloren. Sie liegen überall auf dem Boden verteilt und während wir laufen, springen wir darüber.

Über die am Boden liegenden Zeitungen springen oder hüpfen.

Hui, der Wind bläst durch den Wald und lässt die Blätter durch die Luft tanzen.

Jedes Kind nimmt sich ein Zeitungsblatt, geht weiter und schwingt dabei die Zeitung hin und her.

Seht mal dort drüben! Ist das nicht schön? Eine Hasenfamilie, die durch den Wald hoppelt. Kommt, wir machen es den Häschen nach.

Die Kinder legen die Zeitungen auf den Boden und hoppeln als Hasen weiter.

Genug gehoppelt, lasst uns weitergehen.

Die Kinder laufen wieder durch den Raum.

Vor uns fließt ein kleiner Bach! Den müssen wir überqueren. Tretet nur auf die Steine, damit ihr keine nassen Füße bekommt!

Die Kinder hüpfen von Zeitung zu Zeitung. (Wenn nötig die Zeitungen etwas anordnen, dass sie nicht zu weit auseinander liegen.)

Super, jetzt können wir unseren Spaziergang über die Lichtung fortsetzen.

Die Kinder laufen weiter durch den Raum.

Oh je, ich habe einen Tropfen abbekommen. Es fängt an zu regnen. Wir nehmen uns schnell einen Schirm.

Die Kinder halten sich die Zeitung über den Kopf.

Schön so ein Schirm, da werden wir nicht nass, wir können unseren Waldspaziergang fortsetzen.

Die Kinder laufen weiter durch den Raum.

Der Regen hat wieder aufgehört, wir können den Schirm ablegen.

Die Zeitungen auf den Boden legen.

Pssst. Seid ganz leise! Schaut, da vorne ist ein Reh. Wir schleichen vorsichtig, damit wir das Reh nicht erschrecken.

Kinder schleichen durch den Raum.

Spürt ihr auch den starken Wind, der pustet die Blätter durch den Wald.

Die Kinder knien sich hin. Sie pusten oder schieben die Zeitungen mit dem Kopf in die Mitte des Raumes.

Der Wind hat alle Blätter an einer Stelle zusammengeblasen. Wisst ihr, was wir jetzt tun? Wir wirbeln alles wieder durcheinander.

Die Kinder werfen ihre Zeitung hoch und knüllen sie dabei zusammen.

Wer kann die Blätter am höchsten werfen?

Den Zeitungsball nach oben werfen und wieder fangen.

Wer kann seinen Blätterball mit den Füßen kicken?

Die Kinder bewegen den Zeitungsball mit den Füßen.

Werft euch doch die Blätter gegenseitig zu.

Immer zwei Kinder gehen zusammen und werfen sich einen Zeitungsball zu.

Jetzt helfen wir dem Wind, alle Blätter wieder auf einen Haufen zu legen.

Die Kinder legen die Zeitungsbälle in der Mitte des Raumes auf einen Haufen.

Ich hab jetzt noch eine Idee! Lasst uns über den Blätterhaufen springen.

Die Kinder springen nacheinander über den Zeitungsberg.

Schade, aber es wird Zeit nach Hause zu gehen. Wir können uns auf der Bank vor unserem Haus treffen.

Die Kinder setzen sich auf die Langbank

Blattfärbung

Schon zu Beginn des Herbstes färben sich die Blätter der Bäume gelb, rot, braun oder orange und fallen zu Boden. Das hat mit der Fotosynthese zu tun. Hierbei wandelt ein „Baum" Kohlendioxid mit Wasser, Sonne und Chlorophyll in Sauerstoff und Traubenzucker um. Diesen Traubenzucker braucht die Pflanze zum Wachsen und den Sauerstoff gibt sie wieder ab. Im Herbst scheint die Sonne weniger und die Blätter, die im Sommer zur Energiegewinnung gedient haben, werden nicht mehr gebraucht. Die Bäume holen sich aus den Blättern ihre Nährstoffe und speichern sie im Stamm, in den Ästen und Wurzeln. Dadurch verschwindet der grüne Farbstoff Chlorophyll aus den Blättern und sie färben sich bunt. Das Abfallen der Blätter ist ein Schutz für den Baum, da er aus dem gefrorenen Boden kein Wasser für seine Blätter ziehen kann. Der Forscher Hamilton hat nach einem weiteren Sinn der Blattfärbung gesucht. Nach seinem Tod veröffentlichte einer seiner Schüler die Theorie, dass die Färbung der Blätter auch ein Warnsignal für die Insekten sei. Rot soll heißen: „Keine Eier ablegen, ich falle bald ab." Denn würden die Insekten ihre Eier dort ablegen, fielen diese mit dem Blatt zu Boden und könnten sich nicht weiterentwickeln.

Sammelaktion Herbstblätter

Exkursion

Alter: ab 3 Jahren

Material: für jedes Kind 1 Eimer, Küchenpapier und schwere Bücher

Bei einem Spaziergang mit den Kindern werden die Bäume näher betrachtet: Wie haben sie sich verändert? Was passiert gerade mit ihren Blättern?

Die Blätter färben sich bunt und fallen von den Ästen und Zweigen. Die Kinder sammeln die herabgefallenen Blätter in verschiedenen Farben und Größen.

Zurück in der Einrichtung pressen sie die Blätter. Dafür legen sie diese zwischen Küchenpapier und beschweren sie mit Büchern.

Mathematisches Verständnis

Blätter sortieren

Alter: ab 4 Jahren
Materialien: Herbstblätter (verschiedene Formen, Farben und Größen), Schachtel, Plakat, Stifte, Kleber

Vorbereitung: Vor der eigentlichen Beschäftigung legt die pädagogische Fachkraft eine Einteilung der Blattformen fest. Dafür sucht sie jeweils fünf Blätter von drei bis vier unterschiedlichen Bäumen wie Ahorn, Eiche, Buche, Birke usw. aus. Sie achtet bei den Blättern einer Baumart auf unterschiedliche Größen und Färbungen, da die Kinder später nur die Formen zuordnen sollen. Alle Blätter kommen zunächst in eine Schachtel.

Die pädagogische Fachkraft unterteilt das Plakat in Spalten und malt dahinein jeweils den Umriss einer der vorsortierten Blattformen.

Die Kinder kommen zu einem Sitzkreis zusammen und rufen sich die gemeinsame Herbstblätter-Sammelaktion in Erinnerung. Sie erzählen, wo sie Blätter gefunden haben und beschreiben die Blätter in Farbe, Aussehen und Größe.

Anschließend kommen die Schachtel mit den vorsortierten Blättern und das Plakat mit den Blattumrissen ins Spiel. Die Kinder betrachten das erste Blatt gemeinsam und ordnen es auf dem Plakat der Spalte mit dem entsprechenden Umriss zu. Jetzt sind die Kinder an der Reihe. Nacheinander nimmt sich jedes Kind ein Blatt und sortiert es in die der Blattform entsprechende Spalte. Dabei beschreibt es, warum es entscheidet, dass es dorthin gehört, z. B.:

„Dieses Blatt gehört in diese Spalte, weil es so aussieht wie das gemalte Blatt.“

„Dieses Blatt ist genauso zackig wie das gemalte Blatt in dieser Spalte, es ist nur etwas kleiner (größer).“

Ist die Gruppe sich einig, werden die Blätter auf dem Plakat fixiert und dieses im Gruppenraum aufgehängt.

Tipp: Werden die Blätter nach dem Trocknen laminiert, können die Kinder sie besser anfassen – ohne Angst, dass sie zerbröseln!

Wir gestalten einen Baum

Kreatives Angebot

Alter: ab 3 Jahren
Material: dicke und dünne Stöcke, Blätter, Rinde, dicker Karton (1 x 1 m), Flüssigkleber, Heißkleber

Naturmaterial hat viele Besonderheiten, die sich leicht für die Kita zunutze machen lassen. So gibt es in einem Wald Rinde, Stöcke und Blätter in großer Anzahl und mit etwas Kreativität können diese Sachen zu einem Baum im Raum zusammengesetzt werden.

Vorbereitung: Der Beschäftigung sollte wieder eine Sammelaktion vorausgehen, bei der die Kinder Rinde, Stöcke und Blätter sammeln. Die Naturmaterialien sollten zeitnah verarbeitet werden.

Die Kinder kommen zu einem Sitzkreis zusammen. Die pädagogische Fachkraft ruft den Waldspaziergang sowie die Sammelaktion der Naturmaterialien bei den Kindern in Erinnerung. Sie breitet alle gesammelten Materialien in der Mitte aus und lässt alle gemeinsam die Fundstücke betrachten. An die Kinder stellt sie die motivierende Frage:

„Meint ihr, wir können daraus einen wunderschönen Baum gestalten?“

Die Kinder sammeln Ideen und ordnen zusammen die Naturmaterialien auf dem Karton an. Zum Beispiel dienen ihnen die Rindenstücke als Baumstamm, die Stöcke bilden die Äste und Zweige des Baumes. Noch ist es ein kahler Winter-Baum.

Die pädagogische Fachkraft fixiert Rinde und Stöcke mit Heißkleber am Karton.

Jetzt sind die Kinder dran: Sie kleben jede Menge Herbstblätter an die Äste oder fallend oder als Haufen unter dem Baum mit Flüssigkleber auf.

Spiel + Kreatives Angebot

Blättermemory

Alter: ab 2 Jahren
Material: verschiedene Herbstblätter, Tonpapier in einer beliebigen Farbe, Schere, Kleber, Laminiergerät + Folie

Das Tonpapier in 15 x 15 cm große Quadrate zuschneiden. Die Anzahl der Quadrate richtet sich nach den vorhandenen bzw. geplanten Blattpaaren – bei Kindern unter drei Jahren reichen fünf bis acht aus.

Die Kinder suchen aus den Herbstblättern zwei möglichst identische Exemplare aus. Die Blätterpaare mit Kleber jeweils auf zwei Karten aufbringen und laminieren.

Schon kann gespielt werden.

Tipp: Vor dem Laminieren gestalten die Kinder die Rückseite der Karten möglichst einheitlich.

Spiel

Laubbläser und Laubsauger

Alter: ab 2,5 Jahren
Material: für jedes Kind 1 Strohhalm, Laubblätter, evtl. Schachtel

Auf dem Tisch liegen die Laubblätter verteilt. Jedes Kind erhält einen Strohhalm und probiert aus, wie es damit die Blätter durch Pusten bewegen kann.

Wem gelingt es, ein Blatt von einem Ende des Tisches zum anderen zu blasen?

Danach ist der Laubsauger dran. Die Kinder sollen durch Ansaugen ein Blatt am Strohhalm halten, mit dem Ziel, das Blatt an einen anderen Ort zu tragen.

Daraus kann sich ein Aufräumspiel entwickeln: Die Kinder saugen die Blätter an und lassen sie über einer Schachtel wieder los.

Ein Fenster in den Herbstwald

Kreatives Angebot

Mit diesem kreativen Angebot wird der Herbst ins Gruppenzimmer geholt. So ist jederzeit ein Blick in den Herbstwald möglich!

Alter: ab 4 Jahren
Material: für jedes Kind 1 Schuhkarton, Naturmaterialien (Rinde, Stöcke, Moos, Blätter, Zapfen, Steine), Kleber, Schere, grüne Fingerfarbe

Vorbereitung: Die pädagogische Fachkraft bespricht diese Beschäftigung im Vorfeld mit den Kindern. Dabei zeigt sie den Schuhkarton und erklärt, dass dieser ein Fenster werden soll. Wer aus diesem „Fenster" schaut, wird mit einem Blick in den Herbstwald belohnt. Gemeinsam wird festgelegt, welche Naturmaterialien zur Herstellung benötigt werden. Dann geht es ans Sammeln.

Vor dem Ausgestalten des Schuhkartons streichen ihn die Kinder von innen grün an und lassen die Farbe trocknen.

Sie breiten ihre Naturmaterialen aus und arrangieren damit im Karton ihren Herbstwald. Hier einige Anregungen: Die Kinder können ...

1. den Boden mit Moos auslegen;
2. Äste als Baumstämme mit Knete am Boden befestigen;
3. Zapfen, Blätter und Steine auf das Moos legen;
4. Moos für die Baumkrone,
5. Rinde als Baumstamm und darüber an die Rückwand, die Blätter kleben.

Der Fantasie der Kinder sind keine Grenzen gesetzt.

Wenn die Kinder Hilfestellung benötigen, beschreiben sie, was sie gestalten möchten, und suchen gemeinsam nach Lösungen.

Kreatives Angebot

Ketten aus Naturmaterial

Alter: ab 4 Jahren
Material: Naturmaterialien (Kastanien, Nussschalen, Blätter, Stöcke, Eicheln ...), Handbohrer, Stopfnadeln, reißfeste Wolle, Laminiergerät und -folie

Dies ist ein so einfaches und schönes Bastelerlebnis, das einfach nur als Angebot gesehen werden kann. Gleichzeitig kann es das Basteln mit Mathematik verbinden, wenn es um Muster und Reihenfolgen geht.

Vorbereitung: Auf einem Herbstspaziergang haben die Kinder einiges an Naturmaterialien gesammelt. In der Einrichtung trifft die pädagogische Fachkraft eine Vorauswahl und bereitet die Materialien vor. Sie bohrt in die Kastanien, Nussschalen, Eicheln und die andern Früchte Löcher und laminiert die Herbstblätter. Sie sortiert alles in einzelne Schälchen und fädelt schon Wollfäden in Stopfnadeln ein.

Sollen mit den Kindern Muster und Reihenfolgen geübt werden, geht die pädagogische Fachkraft so vor:

1. Sie stellt alle sortierten Naturmaterialien auf den Tisch. Sie nimmt sich 4–5 Dinge und reiht sie hintereinander auf, z. B. Kastanie, Eichel, Kastanie, Eichel, Kastanie – die Kinder setzen die Reihe fort.
2. Danach darf sich jedes Kind selbst eine Musterreihe ausdenken und 8–10 Dinge auf dem Tisch auslegen. Haben alle diese Aufgabe beendet, stellt ein Kind nach dem anderen seine Reihe vor, z. B.: *„Ich habe zwei Kastanien, ein Blatt, einen Stock, zwei Kastanien, ein Blatt, einen Stock."* Die Kinder tauschen die Plätze und setzen die Reihe eines anderen Kindes fort, indem sie weitere fünf Dinge anlegen. Als Abschluss sortieren sie alles wieder zurück in die Schälchen.
3. Die nächste Aufgabe ist es, eine Reihe zu bilden, bei der nie das gleiche Material auf das andere folgt. Nach der Fertigstellung prüfen sie gemeinsam die Reihen auf ihre Richtigkeit und beenden so diesen Teil der Beschäftigung.

Mit den vorbereiteten Wollfäden gestalten die Kinder sich Ketten aus den Naturmaterialien. Sie können die Kette als Halskette, Armband, Gürtel ... tragen und sich damit schmücken. Sie können aber auch mit allen Ketten zusammen ihren Gruppenraum herbstlich dekorieren.

Tipp: Beim Fädeln das Material umschlingen und noch einmal ins Loch gehen. So sind die einzelnen Elemente fixiert und ihr Abstand zueinander kann leichter eingehalten werden.

Variante: Musterkarten

Ein schönes Spielangebot ist es, wenn die Kinder ihre gelegten Muster aufmalen. Dabei entstehen verschiedene Musterkarten. Diese kommen in eine Schachtel mit den passenden Materialien und schon steht ihnen das Spiel für Muster und Reihenfolgen zur Verfügung.

Blätterdruck

Kreatives Angebot

Die Kinder bestreichen die geäderte Seite der Blätter mit Wasserfarbe. Sie legen die bemalten Blätter auf das Malpapier und decken alles mit einem weiteren Blatt Papier oder einem Stück Zeitung ab. Damit sich die Blätter auch schön gleichmäßig abdrücken, rollen sie mit einem Nudelholz oder einer leeren Flasche darüber. Das Papier wieder wegnehmen und vorsichtig die Blätter vom Papier abziehen.

Alter: ab 4 Jahren
Material: Herbstblätter, Wasserfarben, Pinsel, Wasser, Glas, große Malblätter, Nudelholz oder leere Flasche

Kreatives Angebot

Herbstgesichter

Alter: ab 3 Jahren
Material: Naturmaterialien (alles, was die Kinder im Wald finden)

Im Herbst stehen Naturmaterialien für Naturkunstprojekte in Hülle und Fülle zur Verfügung. Das Angebot findet im Wald statt und dabei werden nur Materialien verwendet, die die Natur bietet.

Bei einem Waldspaziergang bekommen die Kinder den Auftrag, drei bis fünf verschiedene Naturmaterialien im Wald zu suchen. Das können Stöcke, Blätter, auch Rinde oder Früchte der Bäume sein.

Gemeinsam begutachten und bestimmen die Kinder ihre Fundstücke.

„Könnten wir aus diesen Materialien ein Gesicht legen?"

Alle Kinder legen aus ihren Naturmaterialien ein Gesicht. Fehlt ihnen etwas, dürfen sie sich weiteres Material in der Umgebung suchen.

Sind alle fertig, wird die Vernissage eröffnet: Jedes Kind stellt sein Kunstwerk den anderen vor, erzählt, welche Materialien es verwendet hat, und gibt seinem Gesicht einen Namen.

Spiel und Spaß im Blätterwald

Erlebnisturnen

Alter: ab 2,5 Jahren
Material: gesammelte Blätter (ca. 1 blauer Müllsack), für jedes Kind mindestens 10 Kastanien, 10 Eicheln und 1 kleiner Eimer, 1 großer Korb, 1 Besen

Vorbereitung: Zu Beginn schütteln alle Kinder die Blätter aus dem (blauen) Sack heraus und verteilen sie wie auch die Kastanien und Eicheln im ganzen Raum.

Von euch wurden jetzt alle Blätter im ganzen Raum verteilt und jetzt sieht es hier aus, wie ein Waldboden im Herbst. Durch diesen Herbstwald wollen wir heute einen Spaziergang machen.

Alle Kinder spazieren im Raum umher.

Aber halt, auf dem Weg zum Wald liegt feuchtes Laub! Damit wir nicht auf den Blättern ausrutschen, heißt es Laub fegen!

Ein Kind bekommt einen Besen und fegt einen Weg durch die Blätter. Die anderen gehen auf dem freigelegten Weg hinter ihm her. Die Kinder wechseln sich ab, bis jedes einmal dran war.

Nur laufen ist langweilig! Kommt, wir rennen, hüpfen, gehen rückwärts … hintereinander.

Die Kinder folgen den Anweisungen und laufen, rennen, hüpfen …

Wisst ihr, was ich im Herbst besonders gerne mache? Ich sammle Kastanien. In den Blättern haben sich bestimmt auch Kastanien versteckt. Holt euch einen Eimer und sammelt so viele wie möglich auf.

Die Kinder sammeln die Kastanien.

Habt ihr alle Kastanien gefunden? Dann habe ich eine Idee! Wer trifft mit seinen Kastanien in den Korb?

Die Kinder werfen mit etwas Abstand die Kastanien in den Korb. Wer getroffen hat, geht etwas zurück und wirft erneut.

Die Eimer sind nun leer, aber es haben sich auch Eicheln zwischen den Blättern versteckt, die wir für das nächste Spiel einsammeln müssen.

Die Kinder füllen ihre Eimer nun mit den Eicheln.

Zwischen den Blättern krabbeln viele kleine Tiere. Lasst uns mit den Eicheln einen Riesenkäfer oder einen Wurm legen.

Die Kinder legen einen Käfer oder einen Wurm.

Wie bewegt sich so ein Riesenkäfer durch die Blätter?

Die Kinder krabbeln.

Und der Wurm?

Die Kinder kriechen.

Jetzt haben wir unsere Blätter wieder ganz schön durcheinandergebracht. Lasst sie uns zu einem riesigen Haufen zusammenschieben.

Alle Kinder schieben mit den Händen die Blätter zusammen.

Wer kann über diesen großen Berg springen?

Alle Kinder springen nacheinander über oder in den Blätterhaufen.

Kommt, setzt euch nun alle um die Blätter.

Kinder setzen sich.

Das war ein schöner Tag im Blätterwald. Was hat euch denn am besten gefallen? Kommt lasst uns beim Aufräumen noch zusammen ein Herbstlied singen.

Die Kinder sammeln die Blätter ein und verstauen sie wieder im Sack und singen dazu ein Lied ihrer Wahl.

Versuch Schattenspiele

Alter: ab 3 1/2 Jahren
Material: weißes Laken, Schreibtischlampe, Taschenlampe, Karton (5 x 5 cm), weißes Transparentpapier (5 x 5 cm), Stofftier (Bär o. Ä.), Korb mit Gegenständen (Bauklotz, Löffel, Puppe, Auto ...)

Ein dunkler Schatten im Dämmerlicht kann nicht nur Kinder erschrecken! Dieses Angebot liefert den Kindern eine Erklärung für Schattenbildung in der Dunkelheit. Die Kinder sollen die Erfahrung machen, dass Schatten immer nur mit Licht entstehen kann und dass sich seine Größe mit dem Abstand zur Lichtquelle verändern lässt.

Die pädagogische Fachkraft spannt das weiße Laken so im Raum, dass die Kinder vor dem Laken ausreichend Platz haben, sich bewegen zu können. Eine Schreibtischlampe stellt sie im Abstand von 1,5 m vor dem Laken auf. Sie dunkelt den Raum ab und macht das Licht an.

Die Kinder setzen sich hinter die Lampe. Die Fachkraft beginnt damit, dass sie den Kindern eine Geschichte erzählt:

Wisst ihr, was mir einmal passiert ist? Als ich so klein war wie ihr, lag ich eines Abends in meinem Bett. Es war dunkel, nur ein kleines Nachtlicht über mir war eingeschaltet. Aber ich konnte und konnte einfach nicht einschlafen. Also setzte ich mich in meinem Bett auf und sah mich in meinem Zimmer um. Plötzlich erschrak ich, denn gegenüber an der Wand, da saß jemand. Schnell legte ich mich wieder hin. Wer war das? Wer saß da in meinem Zimmer?

Und weil ich so neugierig war, hob ich etwas meinen Kopf und schaute zur Wand. Und was machte mein Gegenüber? Es hob auch seinen Kopf! Vielleicht sollte ich ihm mal zuwinken? Ich hob meine Hand und winkte. Was meint ihr, was machte mein Gegenüber? Es winkte auch! Jetzt machte ich mit meinen Händen allerlei Dinge, und glaubt mir, es machte gleichzeitig alles genauso wie ich.

Könnt ihr euch denken, wer mir gegenüber saß? Es war mein Schatten!

Nach einem kurzen Gespräch – was ist ein Schatten, wie entsteht Schatten – beginnen die Schattenexperimente.

Dazu schaltet die Fachkraft das Licht aus und leuchtet mit einer Taschenlampe an eine Wand – die Kinder sehen den Lichtkegel. Sie hält den Karton vor die Lampe: Der Lichtkegel ist nicht mehr zu sehen – nur noch die Strahlen um den Karton herum. Der Karton erscheint als dunkler Fleck auf der Wand.

Die Kinder erleben bei diesem kurzen Experiment: Wenn Lichtstrahlen auf einen Gegenstand treffen, der das Licht nicht durchlässt, wirft der Gegenstand einen Schatten.

Hält die Fachkraft aber ein Stück Transparentpapier vor die Taschenlampe, ist das Licht weiterhin zu sehen, nur nicht mehr so hell.

Wie unterscheidet sich das vom Schatten des Kartons?

Die Fachkraft schaltet die Schreibtischlampe ein und stellt sich mit geringem Abstand zum Laken in den Lichtkegel.

Die Kinder beschreiben, was sie sehen: Der Schatten ist genauso groß wie die Person, die davorsteht.

Die Fachkraft entfernt sich vom Laken und geht langsam auf die Lichtquelle zu. Der Schatten wird größer, die Konturen verschwimmen.

Nun sind die Kinder an der Reihe. Eines nach dem anderen darf vor die Lampe treten und ausprobieren, wann sein Schatten größer, wann er kleiner wird.

Waren alle Kinder an der Reihe, hält die Fachkraft ein Kuscheltier (Bär) vor die Lampe – ein riesiges Tier erscheint auf dem Laken. Sie hält den Bären näher an das Laken. Die Kinder sehen, dass sein Schatten immer kleiner wird und seine Konturen immer genauer werden. Der Schatten eines scheinbar riesigen Tieres verwandelt sich langsam in den eines kleinen Kuschelbären!

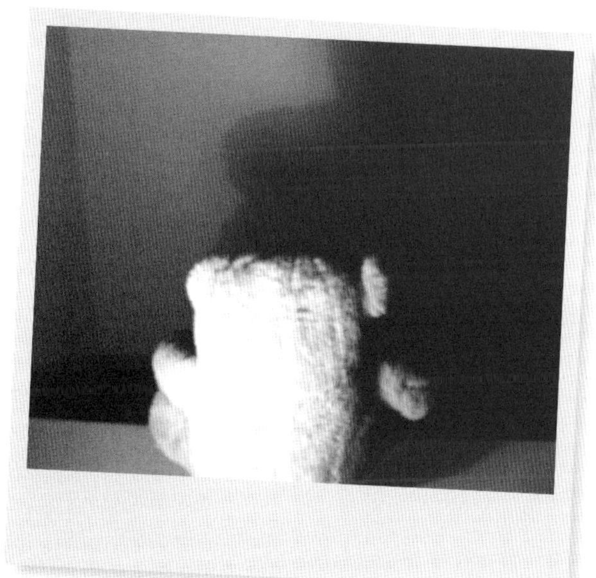

Die Fachkraft nimmt den Korb mit den Gegenständen. Jedes Kind sucht sich etwas aus und stellt sich damit vor die Lampe. Wann kann es den Gegenstand auch als Schattenbild erkennen und wie verändert sich die Größe, wenn es ihn näher zum Laken oder zur Lampe hält?

Damit klingt diese Beschäftigung aus. Die Fachkraft beobachtet, was die Kinder noch alles im Schattenspiel ausprobieren.

Versuch Farben im Dunkeln?

Alter: ab 4 1/2 Jahren
Material: Stoff oder Papier (gelb, orange, rot, grün, blau, braun, schwarz), Taschenlampe (Schreibtischlampe)

Im Herbst werden die Tage kürzer und die Dunkelheit wird von den Kindern mehr „erlebt" als im Sommer. Viele Kinder kommen morgens in den Kindergarten, wenn es noch dunkel ist oder gerade anfängt zu dämmern. Dies ist ein Anlass, um Farben in der Dunkelheit und das Thema „Kleidung in der Dunkelheit" zu besprechen.

Die Kinder kommen in einem Raum zusammen, der völlig abzudunkeln ist. Hier setzen sie sich in einem Halbkreis vor einen Tisch.

1. Die pädagogische Fachkraft macht kurz das Licht aus.
2. Nachdem das Licht wieder an ist, erzählen die Kinder, was sie gesehen haben – nichts!

Ganz so dunkel ist es in unserem alltäglichen Umfeld in der Regel nicht. Es gibt Lichtquellen wie den Mond, Straßenlaternen oder Lichter aus den Fenstern der Häuser, die zwar nicht so hell sind wie der Tag, Aber es bleibt doch ein Dämmerschein übrig.

3. Die Fachkraft schaltet die Taschenlampe an und legt sie an den Rand des Tisches. Der Tisch wird dabei nicht beleuchtet und das Licht strahlt von den Kindern weg – der Tisch liegt im Halbdunkel. Die Taschenlampe bleibt während der gesamten Beschäftigung so liegen.

Das Zimmerlicht bleibt ausgeschaltet. Die Fachkraft legt zwei gleiche Dinge (Papier oder Stoff) in Braun und Schwarz auf den Tisch. Die Kinder sollen sagen, welche Farben sie erkennen können.

4. Sobald das Licht wieder an ist, erkennen die Kinder die Farben genau. Weitere Farben kommen hinzu. Die Fachkraft zeigt die Farben (z. B. Gelb, Orange, Rot, Grün, Blau) zuerst bei Licht.

Das Licht wieder ausmachen und eine Farbe nach der anderen auf den Tisch legen. Die Kinder sollen die Farbe erraten. Welche Schwierigkeiten ergeben sich dabei? Gibt es Farben, die im Dunkeln gleich erscheinen? Welche Farbe können sie am besten erkennen?

5. Die Kinder kommen zu einem Ergebnis. Helle Farben werden besser gesehen, z. B. die Farben Gelb, Orange. Die Farben Blau, Braun und Schwarz werden im Halbdunkel nur sehr schlecht gesehen und lassen sich schwer voneinander unterscheiden. Der Alltagsbezug wird hergestellt: Im Herbst und Winter, wenn es erst spät hell oder schon früh wieder dunkel wird, sollte bevorzugt helle Kleidung getragen werden.

Tipp: Nehmen Sie auch Farbvariationen wie Hell- und Dunkelgrün, Hell- und Dunkelblau hinzu.

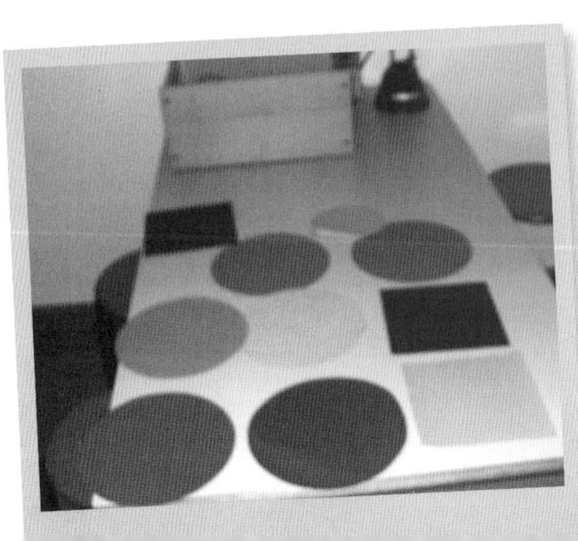

Schattendose

Kreatives Angebot

Aus dem Tonkarton ein 20 x 12 cm großes Rechteck ausschneiden. Dieses Rechteck an der langen Seite zu einer Rolle formen und fixieren. Über eine Öffnung die Klarsichtfolie spannen und mit einem Gummiband befestigen. Einen Stern in der Größe der Öffnung ausschneiden und auf die Klarsichtfolie kleben.

Die Kinder leuchten mit der Taschenlampe in die Pappröhre, so ist der Stern als Schatten an der Wand sichtbar.

Alter: ab 4 Jahren
Material: Tonkarton, Klarsichtfolie, Gummiband, Schere und Kleber, Taschenlampe

Tipp: Die Sterne können sehr leicht durch andere Formen ersetzt werden.

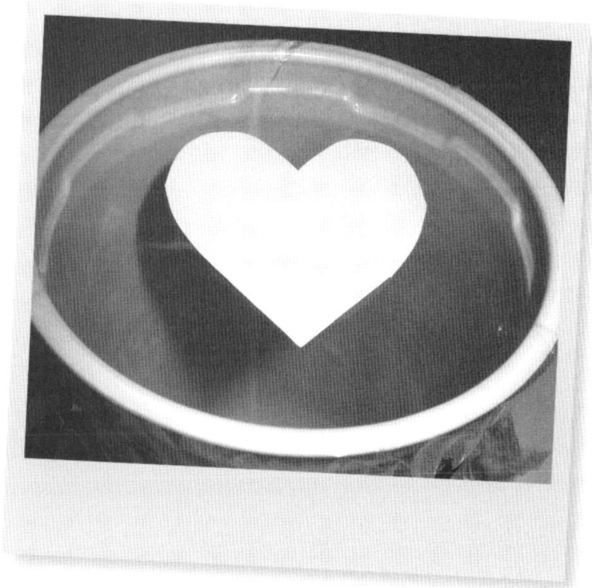

Geschichte **Der kleine Igel und der Nebel**

Alter: ab 3 Jahren

Der kleine Igel Tipps erlebt zum ersten Mal den Herbst. Für ihn ist alles neu und spannend. Jeden Abend, wenn er sein kuschliges Blätterbett verlässt, freut er sich schon auf die Nacht. Doch an diesem Abend ist alles anders!

Als der kleine Igel aufwachte und aus seinem Blätterbett kroch, sah er nur „grau". Unheimlich war das. Er rieb sich die Augen: „Vielleicht sind meine Augen ja noch nicht richtig wach", dachte er und schaute sich erneut um. Er sah immer noch nichts. Scheinbar war die Welt über Nacht grau geworden, milchig grau, nass und kalt. Und es war ringsum im Wald still, eigentümlich still. Nur ab und zu fiel leise knackend bzw. polternd eine Kastanie oder eine Eichel zu Boden. „Das ist bestimmt nur ein böser Traum", murmelte Tipps und rieb sich nochmals die Augen. „Ich muss aufwachen, dann kann ich den Mond sehen, den Himmel, die Bäume und gleich daneben die Wiese. Ja, und bestimmt werde ich auch meine Freunde im Wald treffen. Ich muss nur die Nacht noch einmal von vorne beginnen. Das ist doch ganz einfach, oder?"

Tipps drehte sich um und kroch zurück in sein Blätterbett. Hier sah er das seltsam nasse Grau nicht. Also, alles noch einmal von vorne: Er fuhr sich mit den Pfötchen wieder über die Augen, schüttelte sich und atmete tief durch. Dann kroch Tipps wieder aus dem Bett und trat beherzt einen Schritt vor und erschrak erneut. Es war noch immer da, dieses Grau dort draußen. Nein, irgendwie war es noch näher gekommen. Es war so nahe, dass der kleine Igel keinen Schritt weit sehen konnte. Ja, selbst die Baumkrone, unter der sein Blätterbett stand, konnte er nicht mehr erkennen. Der Baum hörte einfach auf, als habe er keine Äste und auch keine Zweige mehr.

Das Igelchen spähte ins unfreundliche Grau hinein, tapste einen Schritt und noch einen und noch einen Schritt nach vorn, immer weiter dorthin, wo gestern noch die drei großen Eichen standen. Dort wohnte das Eichhörnchen und das wollte Tipps fragen, ob es wisse, was das für ein Graudings sei.

„Würde mich nicht wundern, wenn dieses Graudings die Bäume aufgefressen und das Eichhörnchen gar kein Zuhause mehr hat", fuhr es Tipps durch den Kopf, „oh je, vielleicht auch den ganzen Wald und vielleicht sogar die schöne Wiese."

Obwohl sich Tipps ein wenig fürchtete, war er doch mutig genug weiterzugehen. Denn irgendwie war es aufregend und auch spannend! So trippelte er weiter dorthin, wo gestern noch die Bäume ihren Platz hatten. Bums! Hart stieß er auf einmal mit seiner Nase an den Stamm der mittleren Eiche.

„Aua!", klagte der kleine Igel und rieb sich das schmerzende Näschen, „das hat wehgetan."

Vorwurfsvoll klopfte er mit einem Pfötchen an den Baumstamm und beschwerte sich: „Das war aber nicht nett von dir! Sag, warum versteckst du dich vor mir, du harter Baum, du?"

Die Eiche schwieg. Nur ganz sacht raschelten ihre Blätter, die der Herbst, dieser unsichtbare Geist, in den letzten Wochen erst gelb und langsam braun gefärbt hatte.

„Also, der Baum ist noch da", dachte Tipps, schaute nach oben und rief nach dem Eichhörnchen. „Hallo Tipps", hörte er die Stimme des Eichhörnchens, bevor er es sah, „willst du mich besuchen?" „Oh, gut, dass du zu Hause bist! Du weißt doch immer Bescheid. Kannst du mir erklären, was heute los ist, was ist das für ein Graudings in der Luft?"

„Oh, das gehört auch zum Herbst. So, wie er neulich – beinahe über Nacht – die Blätter der Bäume mit bunten Farben bemalt hat, so lässt er im Herbst immer öfter das Graudings, wie du es nennst, den Nebel, erscheinen, der aber in der Regel über Tag wieder verschwindet", erklärte ihm das Eichhörnchen.

„Ich glaube, ich muss noch viel lernen. Aber erst morgen, heute habe ich selbst zu viel Nebel im Kopf!" Und vorsichtig tastete sich Tipps zurück zu seinem Blätterbett und kuschelte sich wieder ein.

Nebel

Nebel entsteht häufig im Herbst, wenn es tagsüber noch recht warm und in der Nacht schon sehr kalt ist. Durch die Wärme der Sonne verdunstet tagsüber Wasser, dieses Wasser befindet sich unsichtbar als feinster Wasserdampf in der Luft.

In den kalten Herbstnächten kühlt die Luft wieder ab. Dadurch verbindet sich das Wasser in der Luft zu klitzekleinen Wassertropfen und wird wieder flüssig. Diese winzigen Tröpfchen sehen wir am Morgen als den Nebel.

Wetterphänomen Nebel

Versuch + Kreatives Angebot

Alter: ab 4 Jahren
Material: Kühlschrank, sehr warmes und kaltes Wasser, Schälchen, schwarzes Tonpapier, schwarze Wachsmalstifte, weiße Malblätter, schwarze Wasserfarbe, Pinsel

Manchmal kann, wer im Monat November morgens aus dem Fenster schaut, sehr wenig sehen, denn es ist neblig. Es kann sein, dass, wer sich dann im Freien aufhält, mit feuchter Kleidung nach Hause kommt, obwohl es gar nicht regnet! Mit einem kleinen Experiment erfahren die Kinder etwas über das Wetterphänomen „Nebel".

Die Kinder sitzen gemeinsam an einem Tisch und mit einem Gespräch über Nebel erfolgt der Einstieg in dieses Angebot. Dabei kann die pädagogische Fachkraft berichten, was sie erlebt hat, als sie am Morgen in den Kindergarten gefahren ist. Sie hatte ganz schlechte Sicht und alles um sie herum war milchig und grau. Sie fragt bei den Kindern nach, ob es ihnen auch so ergangen ist, und was das sein könnte?

Es ist der Nebel, der uns am Morgen die Sicht nimmt.

Der Versuch

An die Kinder geht der Vorschlag, ihnen zu zeigen, wie Nebel entsteht. Dazu in ein Schälchen sehr warmes Wasser füllen – noch ist nichts zu sehen – und in den Kühlschrank (die kalte Nacht) stellen. Über dem Glas bildet sich durch die kalte Luft sofort Nebel. Damit der „Nebel" besser sichtbar wird, ein schwarzes Papier hinter das Schälchen stellen.

Nebelbilder

Um den Eindruck des Versuches zu verstärken, malen die Kinder auf die weißen Malblätter mit Wachsmalkreide ein Bild von einer Umgebung, wo auch Nebel entstehen kann – aus der Natur (z. B. einen Wald, einen Garten) oder von einer Straße. Die Kinder vernebeln ihr Bild, indem sie mit etwas schwarzer Wasserfarbe und viel Wasser über das Bild malen. Die Konturen der Zeichnungen verwischen immer mehr, es sieht neblig aus.

Versuch

Was ist Reif?

Alter: ab 4 Jahren
Material: 1 Pflanze, Gefrierschrank, für jedes Kind 1 Glas

Wenn die Kinder im späten Herbst morgens in den Kindergarten kommen, erzählen sie manchmal, dass die Mama oder der Papa die Autoscheibe hat freikratzen müssen. Die Kinder vermuten häufig, dass es in der Nacht geschneit hat, da auch das Gras und die Blätter der Bäume mit einer weißen Schicht überzogen sind. Solche Erfahrungen und Aussagen werden als Anlass genommen, dieses Angebot durchzuführen.

Dieses Angebot sollte möglichst für einen Morgen eingeplant werden, wenn zu erwarten ist, dass im Außenbereich der Reif noch sichtbar ist.

Vorbereitungen am Vortag: Die pädagogische Fachkraft stellt mit den Kindern eine Pflanze nach draußen (in den Außenbereich) und für jedes Kind ein Glas in den Gefrierschrank.

Durchführung Zur Einstimmung schauen die Kinder am frühen Morgen gemeinsam aus dem Fenster. Wenn sie anschließend am Tisch sitzen, besprechen sie, was ihnen beim Blick aus dem Fenster aufgefallen ist: Heute ist draußen alles „weiß".

1. Schritt: Die mit Reif bedeckte Pflanze wird ins Zimmer geholt. Sehr schnell verwandelt sich der Reif in flüssiges Wasser. Somit stellen die Kinder als erste Erfahrung fest: Reif besteht aus Wasser.
2. Schritt: Die nächste Frage, die es zu klären gilt, lautet: Wo kommt dieses Wasser her? Es hat weder geregnet, noch hat es geschneit. Gemeinsam mit den Kindern werden die Gläser aus dem Gefrierschrank geholt. Sobald die Gläser ins Warme kommen, beschlagen sie und es bildet sich eine dünne Eisschicht. Diese kann mit den Fingernägeln ganz leicht vom Glas entfernt werden. Der Vergleich zur Autoscheibe ist hergestellt. Die Kinder beobachten weiter: Wenn die Eisschicht schmilzt, bilden sich Wassertropfen an der Glaswand.

Erklärung: In unserer Luft ist Wasser oder besser gesagt Wasserdampf. Wenn die Luft nun auf eine sehr kalte Oberfläche (Glas) trifft, gefriert dieses Wasser an diesen Dingen. Denn in kalte Luft passt weniger Wasserdampf als in warme Luft. Denn immer dann, wenn kein Wasserdampf mehr in die Luft passt, muss der Wasserdampf zu Wasser werden und dieses Wasser gefriert an kalten Dingen wie der Autoscheibe.

Tipp: Besprechen Sie die Aggregatzustände von Wasser: fest – flüssig – gasförmig. Ein ganz einfaches Experiment, um das Wasser in der Luft nachzuweisen, ist es, einen kalten Topfdeckel in Wasserdampf zu halten.

Spiel Herbst-Sudoku

Alter: ab 4 Jahren
Material: 16 Spielsteine (4 Kastanien, 4 Nüsse, 4 Steine, 4 Eicheln), 1 Spielplan, Kopiervorlage 1 „Sudoku“ (Anhang S. 104)

Schon für Kinder im Kindergarten sind Sudokus eine Herausforderung und ein wertvoller Zeitvertreib. Kinder haben Freude an Knobelaufgaben, die das Konzentrationsvermögen und das logische Denken mehr unbewusst als bewusst fördern. Sie begreifen sehr schnell die Regeln und durch Üben, kann der Schwierigkeitsgrad langsam gesteigert werden. Ein Sudoku mit 4 x 4 Spielfeldern und mit Herbstmaterialien ist schon von Vierjährigen zu bewältigen.

Der Spielplan des Sudokus besteht aus 16 quadratischen Feldern, die auf ein größeres Malpapier gezeichnet bzw. kopiert werden. Dabei den Rahmen und das Mittelkreuz etwas dicker nachzeichnen bzw. farblich anders gestalten, damit die vier zusammengehörenden Vierer-Blöcke deutlich zu unterscheiden sind.

Die Kinder versammeln sich um einen Tisch und beginnen mit einer kleinen Übung, die auf das Spiel hinarbeitet. Die pädagogische Fachkraft legt vor die Kinder und benennt dabei: eine Eichel, eine Kastanie, einen Stein und eine Nuss. Während die Kinder ihre Augen schließen, entfernt sie einen Gegenstand und fragt, was jetzt fehlt. Diese Übung wird ein paarmal wiederholt und es werden auch mal zwei Dinge weggenommen.

Die Fachkraft führt den Spielplan ein und erklärt die Regeln: Jede Reihe enthält das Naturmaterial nur einmal. Dabei kommen sie auch in jedem Viererquadrat nur einmal vor. Sie nimmt das Arbeitsblatt Sudoku und lässt die Kinder das Sudoku zunächst alleine lösen. Im nächsten Schritt legt sie das erste Quadrat aus und löst die restlichen drei Quadrate gemeinsam mit den Kindern. Anhand der Fotos können weitere Möglichkeiten durchgespielt werden. Die Kinder sollen das Sudoku, soweit es geht, alleine lösen!

Nach der Einführung wird der Spielplan auf einen festen Karton geklebt und das Legematerial dazu in einen Korb gegeben. So haben die Kinder die Möglichkeit, es jederzeit im Freispiel alleine zu spielen.

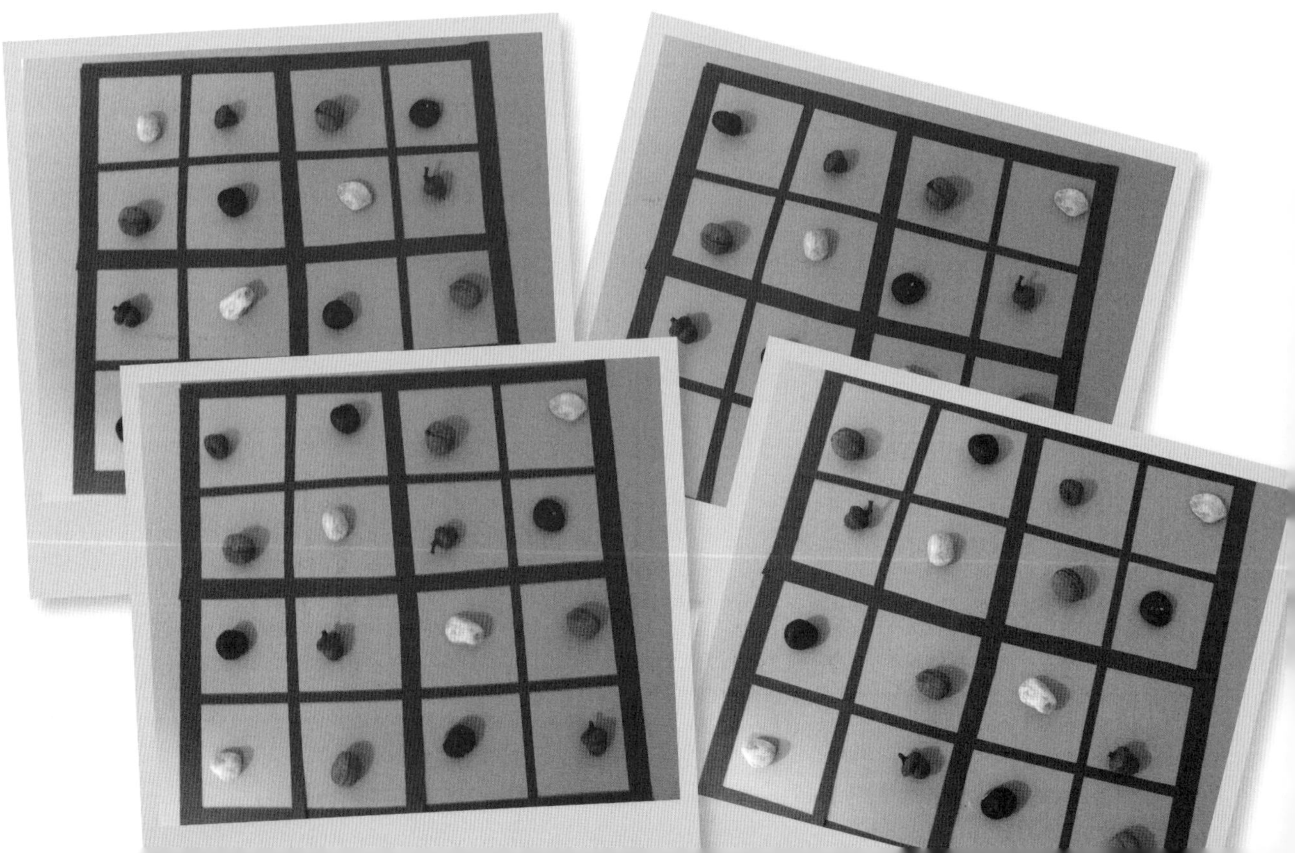

Wind, Wind, Herbstwind

Der Wind

Wind tritt als laues Lüftchen, als sanfte Brise, manchmal auch als stürmische Böe auf. Der Wind kann unterschiedlich stark und aus verschiedenen Richtungen wehen, dabei hat er enormen Einfluss auf unser Wetter.

Wind ist im Grunde nichts anderes als bewegte Luft. Damit Wind entstehen kann, muss es zunächst Luftschichten mit unterschiedlichen Temperaturen geben. So wird beispielsweise die Luft über dem Land schneller erwärmt als über dem Meer. Es entsteht ein Druckausgleich: Da warme Luft leichter ist, steigt sie nach oben. Folglich entsteht eine Lücke und vom Meer her strömt die kühlere Luft nach. Die Luft setzt sich in Bewegung.

Dieser Vorgang kehrt sich in der Nacht um, denn dann ist die Luft über dem Wasser wärmer. Vollkommene Windstille ist daher relativ selten. Der Wind ist das ganze Jahr da, doch im Herbst sind die Temperaturunterschiede zwischen Tag und Nacht am größten und deshalb weht der Wind stärker als in den anderen Jahreszeiten.

Die Windgeschwindigkeit wird in Kilometer pro Stunde (km/h) gemessen. Die Skala der Windstärken reicht von 1 bis 12.

Windstärke 1 bezeichnet einen schwachen Wind von etwa 1–5 km/h.

Windstärke 5 erreicht etwa 30–35 km/h. Ab dieser Stufe wird von einem frischen Wind gesprochen, so der Deutsche Wetterdienst.

Sturmwarnungen gibt es bereits bei Windstärke 8. Ab dieser Stufe wird das Gehen im Freien erschwert und Zweige können von den Bäumen brechen.

Windstärke 12 erreicht über 118 km/h und wird als Orkan bezeichnet, der schwere Verwüstungen nach sich ziehen kann.

Die Kraft des Windes wurde schon früh von den Menschen genutzt, um sich die Arbeit zu erleichtern, zum Beispiel mit Windmühlen zum Mahlen des Getreides. Heute wird Wind mithilfe von Windrädern in elektrische Energie für das Stromnetz unserer Haushalte umgewandelt. Auch bei der Schifffahrt spielte der Wind eine wichtige Rolle zum Transport von Gütern wie auch heute noch beim Segeln als Sport.

Besonders Kinder erfreuen sich am Wind, denn dann können sie unter anderem Drachen steigen lassen.

Warum weht der Wind?

Versuch

Alter: ab 4 1/2 Jahren
Material: gebastelter Drachen, Plastikflasche, Luftballon, heißes Wasser im Topf, Alufolie, Stift, Schere, Faden, Teelichter/Feuer, 2 Stühle, 1 Besenstiel

Im Herbst sehen wir sie oft am Himmel, die Drachen. Aber leider können sie nur steigen und in der Luft bleiben, wenn genug Wind weht. Warum gibt es nicht immer genug Wind im Herbst? Wie entsteht Wind? Was ist Wind? Dies sind Fragen, die Kinder beschäftigen können und die hier auf kindgemäße und einfache Weise geklärt werden.

Die Kinder setzen sich an einen Tisch, auf dem in der Mitte ein Drachen liegt. Wann und wo könnte dieser Drachen „fliegen"? Die Kinder wissen sofort die Antwort: „Wenn es draußen windig ist!" Oft können sie den Wind auch beschreiben.

Wind ist Luft in Bewegung. Das können die Kinder testen, indem sie ihre Hand anpusten oder mit einem Blatt wedeln. Doch wer setzt die Luft in der Natur in Bewegung?

Die Erklärung: Es gibt warme Luft und kalte Luft.

Warme Luft ist leichter als kalte Luft. Warme Luft entsteht in der Natur, wenn die Sonne sie erwärmt. Warme Luft wird leichter und steigt deshalb nach oben. Oben im Himmel erkaltet die warme Luft und fällt als kalte Luft nach unten. Durch das Fallen und Steigen der Luft kommt diese in Bewegung, es entsteht Wind.

Zur Verdeutlichung führt die pädagogische Fachkraft mit den Kindern zwei Experimente durch:

1. Sie stülpt den Luftballon über die leere Plastikflasche. Sie erhitzt etwas Wasser in einem Topf und stellt die Flasche hinein. – Der Luftballon bläst sich etwas auf.

Erklärung: Die Luft in der Flasche wird durch das Wasser warm und steigt nach oben. Die Fachkraft nimmt die Flasche aus dem Wasser. Die Luft erkaltet und der Luftballon wird wieder schlapp, d. h. „luftleer". Die kalte Luft fällt nach unten.

2. Für das nächste Experiment basteln die Kinder eine Spirale aus Alufolie. Hierfür einen Kreis von ca. 10 cm Durchmesser aufmalen und ausschneiden. Spiralförmig bis zur Mitte schneiden. An der fertigen Spirale einen Faden befestigen. Zwei Stühle auf den Tisch stellen und zwischen die zwei Stühle einen Stab (Besenstiel) legen. An diesen die Spiralen der Kinder hängen. Der Abstand zwischen dem Tisch und dem Ende der Spiralen sollte etwa vier bis fünf Zentimeter betragen.

„Wie kann jetzt die Spirale bewegt oder zum Drehen gebracht werden?"
„Wir machen den Wind durch anpusten oder wedeln."
„Aber wie bewegen sich die Spiralen, wenn wir nichts tun?"

Die Teelichter unter die Spiralen stellen und anzünden. Die Kinder sehen, dass sich die Spirale zu drehen beginnt.

Erklärung: Die Flamme des Teelichts erwärmt Luft. Warme Luft ist leichter als kalte Luft und steigt auf, kommt dabei an der Spirale vorbei und dreht sie. Unten wird Platz und kalte Luft rückt nach, wird warm und steigt wieder. Es entsteht ein kaum wahrnehmbarer Wind. Genauso entsteht Wind, in der Natur. Die Luft, die die Erde umhüllt, ist unterschiedlich warm. Aufgrund dieser Temperaturunterschiede ist unsere Luft ständig in Bewegung. Je größer die Temperaturunterschiede sind, desto stärker ist der Wind.

Den Wind „erfahren"

Beobachtung

Alter: ab 4 Jahren
Material: Plakat, Stifte

An einem windigen Tag geht die pädagogische Fachkraft gemeinsam mit den Kindern ins Freie.

Die Kinder suchen sich einen Platz, an dem sie den Wind spüren können.

- *„Wer kann den Wind riechen?"* Alle Kinder schließen die Augen und schnuppern. Nach einer Weile öffnen sie die Augen und besprechen miteinander, ob und wie sie den Wind riechen konnten.
- *„Ist der Wind auch zu hören?"* Alle lauschen und beschreiben die Geräusche, die der Wind verursacht.
- *„Ist der Wind auch zu sehen?"* Die Kinder beobachten genau die Umgebung, nehmen Bewegungen wahr und erzählen davon.

Zurück im Gruppenraum kommen die Kinder zu einem Kreis zusammen. Auf einem Plakat, das in drei Spalten eingeteilt wird, dokumentieren sie ihre Erfahrungen mit dem Wind:

1. Spalte: *Konnten wir den Wind sehen?*
2. Spalte: *Konnten wir ihn riechen?*
3. Spalte: *Wie konnten wir ihn hören?*

Die Kinder kommen zu dem Ergebnis, dass sie nicht den Wind gesehen, gehört oder gerochen haben, sondern nur das, was er mit den Dingen um sie herum gemacht hat. Doch spüren konnten alle den Wind!

Versuch

Der Wind bewegt

Alter: ab 4 Jahren
Material: ein etwas windiger Tag, verschiedene Dinge (Stoffreste, Federn, Blatt, Tüte, Ball, Stein, Spielsachen, Korb , Plakat; evtl. Kartonstück

Wenn wir uns in einem Zimmer befinden und ins Freie schauen, können wir nur sehen, ob Wind weht, wenn sich Dinge bewegen. Die Zweige an den Bäumen bewegen sich, ein Windrad dreht sich oder es fliegen Blätter durch die Luft. Der Wind setzt verschiedene Dinge in Bewegung und dies nehmen wir wahr. Das ist nicht nur im Freien zu beobachten, sondern auch, wenn ein Fenster geöffnet ist: Gardinen können hin und her schwingen, Türen zuschlagen – der Luftzug ist auf der Haut zu spüren.

Die Kinder stellen sich ans Fenster und beobachten den Wind draußen.

Dabei besprechen sie schon, woran sie überall erkennen können, ob es windig ist oder ob nur ein Lüftchen weht.

Sie nehmen den Korb mit den verschiedensten Gegenständen und gehen gemeinsam ins Freie. Sie wollen beobachten, wie sich die verschiedenen Dinge bei Wind verhalten. Dabei agieren die Kinder soweit wie möglich selbstständig. Sie legen die Dinge auf den Boden und beobachten, ob der Wind den Gegenstand bewegt.

Zurück im Gruppenraum bringen die Kinder die Gegenstände in eine Reihenfolge: Was bewegte sich am besten im Wind, was gar nicht?

Dies kann auf einem Plakat festgehalten werden.

Variante

Diese Übung kann auch mit einem einfachen Hilfsmittel im Gruppenraum stattfinden. Dazu mit einem Stück Karton schwenken/damit fächern und so die Gegenstände in Bewegung versetzen – so bewegen sich Tischtennisbälle, Wattebäusche, Federn über den Tisch.

Bei dieser Übung machen die Kinder die Erfahrung: Je leichter ein Gegenstand ist, desto weiter und schneller wird er vom Wind bewegt.

Windrad

Kreatives Angebot

Alter: ab 4 1/2 Jahren
Material: Tonpapier, Bleistift, Lineal, Schere, Lochzange, Rundholzstab, dünner Holzbohrer, Draht, 2 Holzperlen, Vorlage 10 „Windrad" (Anhang S. 112)

Aus dem Tonpapier ein Quadrat (15 x 15 cm) zuschneiden. Mit Stift und Lineal werden die beiden Diagonalen in das Quadrat eingezeichnet. Vom Mittelpunkt aus auf allen Linien etwa 1,5 Zentimeter abmessen und markieren. Der Abstand sollte bei allen vier Linien gleich sein. Von allen vier Ecken entlang der Diagonalen bis zur Markierung einschneiden.

Mit der Lochzange fünf Löcher in das Quadrat stanzen. Ein Loch kommt in die Mitte, vier weitere Löcher kommen immer in die gleiche Ecke der vier Dreiecke (s. Vorlage 10).

Vom Draht ca. 20 cm abschneiden, die Mitte am Holzstab anlegen und durch mehrmaliges festes Umwickeln befestigen. Beide Enden des Drahtes durch eine Perle fädeln. Das Quadrat mit dem Loch in der Mitte einfädeln, anschließend folgen nacheinander die einzelnen Flügel. Den Abschluss bildet eine weitere Perle. Wieder beide Enden des Drahtes einfädeln. Die beiden Enden so verdrehen, dass die Perle nicht mehr herausrutschen kann.

Tipp: Wenn das Quadrat laminiert wurde, kann es sogar als Gartendekoration dienen.

Geschichte Der Herbstwind außer Rand und Band

Alter: ab 3 Jahren

Der Herbst wollte Einzug halten, denn er musste doch rechtzeitig den Sommer ablösen! Aber bevor er richtig loslegen konnte, musste er seine Helfer und Helferinnen besuchen und ihnen mitteilen, was sie im Herbst zu tun hatten. Den Wolken gab er die Aufgabe, sich dick und dunkel zu machen und für viel Regen zu sorgen. Die Sonne bat er, nicht mehr so stark zu strahlen, und die Luft, sich nicht mehr so sehr zu erwärmen. Dem Wind fiel die Aufgabe zu, kräftig zu wehen und zu blasen, damit die Blätter, Samen und Früchte von den Bäumen herabfallen konnten. Denn die Samen der Bäume waren dem Herbst besonders wichtig, deshalb erklärte er dem Wind: „Wenn du richtig wehst und die Samen verteilst, können viele neue Bäume wachsen." Es machte den Wind sehr stolz, dass ihm der Herbst eine so wichtige Rolle zugeteilt hatte. Er ging sofort an die Arbeit und legte gleich los. Er fegte die Früchte und Samen von den Bäumen und rüttelte kräftig an ihren Zweigen. Dabei rief er laut: „Ich habe den wichtigsten Herbstjob, dass ihr das wisst! Ich alleine sorge dafür, dass eure Samen durch die Luft geblasen werden, ohne mich gäbe es keine neuen Bäume!" Irgendwann reichte es den anderen! Die Wolken schimpften: „Du Angeber! Ohne unseren Regen gäbe es keine Bäume, kein Leben auf der Erde. Nur durch unser Wasser können sich die Samen entfalten. Hörst du, Wind?" Sie mochten den Herbstwind, der sie voller Übermut über den Himmel jagte, nicht besonders gut leiden. „Du bist ein Dummkopf!", rief ihm die Sonne zu, „ohne meine wärmenden Strahlen könnten die Samen erst gar nicht aufgehen, du verrückter Herbstwind!" Da es den Wolken und der Sonne jetzt reichte, zogen sie sich zurück und ließen den Wind allein zurück.

Darüber lachte der Wind nur, das Protestgeschrei ringsum ließ ihn kalt. Er schüttelte es mit ein paar leichten Brisen von sich, pustete weiter über das Land, riss dabei die Blätter von den Zweigen und rief: „Ich bin der Wichtigste!" Die Bäume hörten sich alles eine Weile an. Auch ihnen gefiel es nicht, wie sich der Wind aufplusterte. So riefen sie nach dem Herbst. „Schau nur, was der Wind hier macht! Er spielt sich auf und verärgert alle anderen. Unsere Blätter haben noch nicht mal ihre bunte Farbe und wollen noch ein paar schöne Tage hier am Baum haben. Außerdem soll nicht immer so heftig an uns gerüttelt werden. Bei so viel Wind finden unsere Samen keinen Platz, an dem sie bleiben können, weil der Wind sie immer weiter treibt!", beschwerten sich die Bäume beim Herbst. „Sieh nur, die Sonne mit ihren wärmenden Strahlen ist verschwunden und auch die Wolken haben keinen Regen für uns. Die beiden brauchen wir doch auch noch!" Erst jetzt merkte auch der Herbst, was der Wind anrichtete, und rief ihn zu sich. „Du bist dieses Jahr ein bisschen zu eifrig, lieber Wind." Er erklärte ihm geduldig noch einmal seine Aufgaben: „Du sollst zwar wehen und blasen, aber nicht immer in voller Stärke. Weißt du, lieber Wind, du bist sehr wichtig für mich, aber die anderen sind es auch. Deshalb ruhe dich jetzt etwas aus und lass auch die Sonne und die Wolken ihre Arbeit tun." Das sah der Wind ein und so entschuldigte er sich bei den Bäumen und versprach ihnen: „Ich ruhe mich jetzt etwas aus." „Aber vergiss nicht, noch einmal wiederzukommen, wenn es für unsere Blätter Zeit wird, sich von unseren Zweigen zu lösen!", riefen ihm die Bäume nach. „Klar, komme ich wieder", versprach der Wind und begab sich zur Ruhe. Und als er wiederkam, verrichtete er seine Arbeit und alle waren mit ihm zufrieden.

Windfahne

Kreatives Angebot

Die Kinder entfernen den Boden des Bechers und malen den restlichen Becher mit den wasserfesten Farben bunt an. Ist die Farbe trocken, stechen sie am Becherrand mit der Stopfnadel vier gegenüberliegende Löcher ein. Dazu hält die Fachkraft die Nadel kurz in eine Flamme und lässt die Nadel heiß werden, so reißt das Plastik nicht, wenn das Loch gestochen wird. Von der Schnur vier etwa 20 cm lange Stücke abschneiden und jeweils ein Ende in ein Loch fädeln und anknoten. Die vier Schnurenden zusammenführen und an dem Stab befestigen.

Den Stoff in schmale Streifen schneiden und am unteren Ende des Bechers ankleben. Jetzt kann der Stab in den Garten gestellt werden.

Alter: ab 5 Jahren
Material: Plastikbecher, dünner Stoff, Kleber, Schere, Holzstab, wasserfeste Farben, Stopfnadel, Feuerzeug, reißfeste Schnur

Tipp: Der Stoff kann auch durch Folie (Plastiktüte) ersetzt werden.

Die Beaufortskala

Die Stärke des Windes wird in einer Zahlenskala von 0 bis 12 ausgedrückt. Windstärke 0 entspricht völliger Windstille und Windstärke 12 einem Orkan.

Diese Einteilung hat sich der englische Admiral Sir Francis Beaufort ausgedacht. Er stellte 1805 eine Tabelle auf, in der er die Auswirkungen des Windes beschrieb und eine Bezeichnung hinzufügte. Beaufort beobachtete die Natur, wenn der Wind wehte. Er bezeichnete beispielsweise einen Wind, bei dem sich Blätter und kleine Zweige der Laubbäume bewegen, als Windstärke 3. Diese Skala wird heute noch verwendet und ist nach ihrem Erfinder Beaufort benannt.

In der Wetterkunde wird die Windgeschwindigkeit mit einem Anemometer gemessen. Am gebräuchlichsten ist das Schalenkreuzanemometer. Drei oder vier offene Halbkugeln fangen den Wind ein und drehen sich um eine Achse. Je stärker der Wind bläst, umso schneller dreht sich der Windmesser. Werden die Umdrehungen pro Sekunde gezählt, ergeben sie ein Maß für die Windgeschwindigkeit.

Sachgespräch

Windstärken

Alter: ab 4 Jahren
Material: Malvorlage 2 „Windstärken“ (Anhang S. 105), Schere, Kleber, Stifte, evtl. Plakat

Vorbereitung: Die Vorlage der Windstärken für jedes Kind kopieren und zusätzlich eine Vorlage in die vier Bilder der Windstärken zerschneiden.

Durchführung Die Kinder sitzen in einem Kreis und wiederholen ihre bisher gemachten Beobachtungen und Erfahrungen mit dem Wind. Die Fachkraft fragt nach, wer schon einmal eine Wettervorhersage gehört hat, und bringt einige Beispiele, in denen „Wind“ erwähnt wird:

Heute ist es nur schwach windig. Heute ist es weitestgehend windstill. Es weht ein kräftiger Wind. Ein Sturm zieht über uns hinweg. Es weht ein frischer Wind.

Wenn wir solche Vorhersagen hören, woher wissen wir, was kräftiger oder leichter Wind bedeutet? Die Fachkraft erzählt den Kindern von dem Wetterforscher, der den Wind beobachtet und ihn in Windstärken eingeteilt hat. Dieser Mann hieß Sir Francis Beaufort. „Was könnte er mit den Windstärken meinen?“

Die Fachkraft legt von der vorbereiteten Vorlage ein Bild nach dem anderen vor die Kinder. Die Kinder beschreiben, was auf den Bildernzu sehen ist. Wo ist der Wind am schwächsten, wo am stärksten? Die Fachkraft nennt die Windstärken und die Kinder bringen die Bilder in eine Reihenfolge.

Zur Vertiefung erhält jedes Kind eine Kopie der Vorlage zum Aus- bzw. Weitermalen.

Becher-Windmühle

Kreatives Angebot

Alter: ab 5 Jahren
Material: Plastikröhrchen (dicker Trinkhalm, leere Filzstifthülle o. Ä.), 4 Pappbecher, 2 extra lange Schaschlikspieße, Draht, Klebeband, Stöckchen oder Perle, Stock

Die Schaschlikspieße in der Mitte zu einem Kreuz übereinanderlegen und mit dem Draht fixieren, dabei darauf achten, dass die beiden Drahtenden gleich lang bleiben.

Die Becher an den Enden der Spieße mit Klebeband befestigen. Die Öffnung der Becher zeigt immer in die gleiche Richtung!

Den Draht durch das Plastikröhrchen ziehen und so um ein Stöckchen (eine Perle) wickeln, dass der Draht nicht mehr durch das Röhrchen rutschen kann, aber noch etwas Spiel hat, um sich zu drehen. Das Plastikrohr an einem Stock befestigen und in den Garten bzw. in den Wind stellen.

Windkraftanlage

Sachgespräch

Alter: ab 4 Jahren
Material: Bild einer Windradkraftanlage

Schon seit Jahrhunderten wird die Kraft des Windes genutzt. Mit Windmühlen wurde Getreide gemahlen und sogar Holz gesägt. Die „modernen Windmühlen" liefern heute einen Teil unseres Stromes, der aus unserer Steckdose kommt.

Die Kinder kommen zu einem Kreis zusammen. Ihnen wird das Bild einer Windkraftanlage gezeigt. Die Kinder sammeln Ideen zu den Fragen: „Wer hat so ein Windrad schon einmal gesehen?" „Für was werden diese Windräder gebraucht?" Dabei sollte unbedingt der Begriff Strom fallen.

Die Ausführungen der Kinder werden gleichzeitig durch kindgemäße Informationen ergänzt.

Windräder

Die Windräder stehen dort, wo es viel Wind gibt – auf Hügeln, Bergen oder an den Küsten.

Die Windräder sind deshalb so groß und die Rotoren so lang, damit sie sich auch bei ganz wenig Wind drehen.

In der Mitte ist eine Antriebswelle, die in einen Stromgenerator führt. Im Inneren des Generators ist ein Magnet, der durch den Wind zum Drehen gebracht wird. Um den Magneten ist eine Kupferspule, in der sind Elektronen und die werden durch das Drehen des Magneten in Bewegung versetzt. Das Bewegen der Elektronen ist dann der elektrische Strom.

Kreatives Angebot

Papierdrachen falten

Alter: ab 4 Jahren
Material: Quadrate aus buntem Papier, Wolle, Kreppband oder Seidenpapier, Kleber, Schere, Stifte

Die Kinder falten das Quadrat diagonal, öffnen es wieder und legen es mit einer Spitze nach oben vor sich hin, sodass die Diagonale senkrecht vor den Kindern liegt. Die beiden oberen Außenkanten zur Mitte auf die Diagonale falten – fertig ist die Drachenform.

Ein Stück Wolle (ca. 30 cm) abschneiden und unten an die spitze Ecke des Drachens kleben. Aus dem Seidenpapier bzw. Kreppband 3 x 2 cm große Streifen schneiden. Die bunten Papierstücke in der Mitte zusammendrücken und als Schleifen an die Wolle binden.

Nun geben die Kinder ihrem Drachen noch ein Gesicht. Sie kleben die nach hinten gefalteten Ecken fest, damit sie sich nicht wieder öffnen können.

Tipp: Die Kinder kleben den gefalteten Drachen auf ein Blatt und malen die Schnur mit den Schleifen dazu.

Mein Drachen will heut fliegen

Fingerspiel

Alter: ab 2 Jahren

Mein Drachen will heut fliegen!
Hand ausstrecken
Hoch in die Luft erhebt er sich.
Hand über den Kopf halten
Er schwenkt hin und her,
Hand hin und her bewegen
kommt etwas runter
Hand nach unten
doch schnell zieht es ihn wieder hoch.
Hand wieder nach oben
Er dreht sich im Kreise
Hand einen Kreis fahren
und sieht dabei nach unten.
Hand etwas kippen
Wenn er müde wird, schließt er die Augen und schwebt langsam nach unten.
Hand langsam in einer Abwärtsbewegung hin und her bewegen
Er legt sich ins Gras und ruht sich aus.
Hand auf den Schenkel legen

Bewegungsgeschichte

Jonas, der Drachen

Alter: ab 3 Jahren
Material: Tamburin, Drachen (Bild oder gebastelt)

Die Herbstwinde eignen sich, um Drachen steigen zu lassen. Bei diesem Bewegungsangebot erfahren die Kinder sehr viel über die Jahreszeit Herbst und lernen einige seiner Besonderheiten kennen.

Die Kinder kommen im Bewegungsraum zusammen und setzen sich in einen Kreis.

Die Fachkraft legt den Drachen in die Mitte. Die Kinder betrachten ihn und besprechen dabei, was sie gerne mit einem Drachen machen würden. Die Fachkraft stellt den Drachen vor:

Das ist der Drachen Jonas, der war neulich an einem windigen Herbsttag fliegen. Was er dabei erlebt hat, das wollen wir heute gemeinsam nachspielen. Doch zuerst muss er sich in die Luft begeben. Dazu stehen wir jetzt alle auf.

Die Kinder stehen auf.

Mit viel Anlauf ziehen wir Jonas hinter uns her, bis er vom Wind erfasst und ganz nach oben in den Himmel getragen wird.

Kinder laufen und rennen durch den Raum und ziehen einen Fantasiedrachen hinter sich her.

Als Jonas oben bei den Wolken ist, freut er sich und dreht und tanzt ausgelassen am Himmel. Wir sind jetzt Jonas.

Kinder hüpfen und drehen sich. (Verschiedene Bewegungen wie schnell, langsam, hoch und runter können in Bezug auf „Wind“ eingefügt werden.)

Da kommt ein Storch auf ihn zugeflogen. Jonas fragt ihn: „Wo fliegst du hin?“ „Nach Süden, da ist es jetzt schön warm.“

Kinder machen den Storch nach und fliegen mit ausgebreiteten Armen durch den Raum.

„Warte, ich komm mit!“, ruft Jonas und zerrt an seiner Schnur, bis diese zerreißt.

Kinder zerren an einer imaginären Schnur.

Kommt, wir begleiten Jonas auf seiner Reise. Seht, wie klein die Häuser und Bäume von hier oben sind.

Kinder schauen mit dem Seemannsblick nach unten und gehen durch den Raum. (Die Fachkraft fragt bei den Kindern nach, was sie noch alles von oben sehen können.)

Auf einmal wirbeln viele Blätter um Jonas herum. „Wo geht's hin?“, fragt er die Blätter. „Auf den Boden, denn im Herbst fallen wir von den Bäumen und legen uns auf den Boden.“

Kinder drehen sich und legen sich auf den Boden (mehrere Wiederholungen).

Auch Jonas legt sich auf den Boden. Da kommt ein Igel auf ihn zu. „Was machst du denn?“, fragt Jonas den Igel. „Ich sammle Blätter für mein Winterbett!“

Kinder krabbeln über den Boden und schieben imaginäre Blätter zusammen.

Hui, da kommt eine Windböe. Sie erfasst den Drachen Jonas und trägt ihn wieder hoch in die Lüfte.

Kinder laufen und rennen durch den Raum.

Doch es ist ein heftiger Wind und es geht für den Drachen wild rauf und runter.

Die Kinder bücken und strecken sich.

Plötzlich bleibt Jonas an einem Apfelbaum hängen. Er sieht sich um und fragt die roten „Bälle“, die um ihn herum am Baum hängen: „Wer seid denn ihr?“ „Wir sind reife Äpfel und warten auf den Bauern, der uns jetzt pflücken muss, denn wir sind reif!“

Kinder spielen Äpfel pflücken.

Und schon bläst der Wind wieder und die Reise geht für Jonas weiter.

Kinder laufen durch den Raum.

Dieses Mal treibt der Wind die Wolken am Himmel vor sich her. Sie formen sich zu einer riesigen schwarzen Gewitterwolke zusammen.

Kinder stellen sich eng zusammen.

Es donnert laut und Regen prasselt aus ihr heraus.

Bei einem lauten Schlag auf das Tamburin rennen die Kinder auseinander und kommen wieder zusammen. (Diese Übung mehrmals wiederholen.)

Auf Gewitter hat Jonas keine Lust, das ist ihm zu laut. Er wendet sich ab und fliegt in die andere Richtung weiter.

Kinder laufen durch den Raum.

Er merkt kaum, dass sein Flug immer langsamer wird.

Kinder gehen ganz langsam durch den Raum.

Langsam schwebt er wieder auf den Boden.

Kinder legen sich hin.

Da springt ein Eichhörnchen an ihm vorbei. „Hej du, bleib doch mal hier. Wohin so eilig?", will Jonas neugierig wissen. „Keine Zeit, ich muss Nüsse und Eicheln für meinen Wintervorrat sammeln."

Kinder stehen auf, gehen durch den Raum und bücken sich, um Nüsse und Eicheln zu sammeln.

Vom Zusehen wird Jonas richtig müde und schließt seine Augen.

Kinder legen sich hin und schließen die Augen.

Jonas träumt von seinem Flug durch den Herbst, bis Kinder ihn finden und mit nach Hause nehmen. Jonas verabschiedet sich winkend vom Herbsttag und ruft: „Bis zum nächsten Mal!"

Kinder winken.

Damit ist diese Bewegungseinheit beendet.

Kreatives Angebot Drachen mit Holzspateln

Alter: ab 3 Jahren
Material: 4 Holzmundspatel (aus der Apotheke), buntes Transparentpapier, buntes Seidenpapier, bunte Papierreste, Heißkleber, Kleber, Schere, Malstifte, Wolle

Die vier Holzspatel mit Heißkleber zu einer Raute zusammenkleben. Diese Raute auf das Transparentpapier kleben und das überstehende Papier entlang der Spatel abschneiden.

Die Kinder malen oder kleben dem Drachen ein Gesicht auf das Transparentpapier. Aus dem Seidenpapier formen sie kleine Kügelchen und kleben sie als Rahmen auf die Holzspatel. An einen Wollfaden binden sie als Schleifen drei bis fünf Transparentpapierstücke (jeweils 4 x 3 cm) an. Sie befestigen diesen Faden als Schweif am Drachen und einen weiteren Faden zum Aufhängen am anderen Ende.

Bewegungsgeschichte Die Reise eines Herbstblattes

Alter: ab 2 1/2 Jahren

Heute ist ein sehr windiger Herbsttag. Ein Baum steht mitten auf einer Wiese.

Kinder suchen sich einen Platz im Raum und bleiben dort stehen.

Der Wind bewegt ihn hin und her.

Die Kinder bewegen sich von rechts nach links.

Fast alle Bäume haben schon ihr Laub verloren. Nur ein Blatt klammert sich noch ganz fest an seinen Zweig. Es will nicht einfach nur so auf die Erde fallen, es will noch etwas erleben! Deshalb nimmt sich das Blatt vor, eine Reise mit dem Wind zu machen. Und weil der Wind heute schön kräftig bläst und das Blatt nicht genau weiß, wie lange es noch die Kraft hat sich festzuhalten, nimmt es allen Mut zusammen und lässt los. Der Wind ergreift es und bläst es vom Baum weg. Ihr seid jetzt das Blatt, das mit dem Wind fliegt.

Die Kinder laufen durch den Raum.

Der Wind bläst mal stark und mal schwach.

Die Kinder bewegen sich mit dem angesagten Tempowechsel durch den Raum.

Bei seinem Flug durch die Luft bekommt das Blatt viel zu sehen.

Es sieht Kinder, die Kastanien, Eicheln und Nüsse einsammeln.
Kinder bücken sich immer wieder und sammeln etwas in einen imaginären Korb.
Oben auf einem Baum springt ein Eichhörnchen von Ast zu Ast.
Kinder hüpfen.
Eine Igelfamilie läuft umher und schiebt Blätter für ihr Winterlager zusammen.
Kinder krabbeln und schieben imaginäres Laub zusammen.
Der Wind wirbelt das Blatt im Kreis herum.
Die Kinder drehen sich im Kreis.
Es kommt zu einem Apfelbaum. Ein Bauer klettert auf eine Leiter und pflückt die Äpfel.
Kinder klettern und pflücken.
Der starke Wind wirbelt das Herbstblatt wild durch die Luft weiter.
Die Kinder rennen.
Die Reise geht für das Blatt rauf und runter.
Die Kinder bücken und strecken sich.
Als sich der Wind etwas beruhigt, entdeckt das Blatt schon wieder etwas Neues. Es sieht ein großes Haus mit Garten, in dem Kinder spielen. Sie haben Gummistiefel an und springen durch Pfützen.
Kinder spielen Pfützen springen.
Der Wind trägt das Blatt weit hinaus zu einem Feld. Auf diesem Feld lassen Kinder ihre bunten Drachen im Wind steigen.
Kinder lassen imaginäre Drachen steigen.
Die Drachen fliegen noch höher als das Herbstblatt. Das Blatt blickt ihnen sehnsüchtig nach, denn es fliegt nur noch ganz langsam mit dem Wind.
Kinder schleichen schwebend durch den Raum.
Der Wind ist kaum noch spürbar und das Blatt sinkt sanft zu Boden.
Kinder legen sich hin.
Es gähnt noch einmal und schläft zufrieden ein.
Die Kinder schließen die Augen.
Es träumt von seiner Reise und wünscht sich, dass es morgen vom Wind noch einmal mitgenommen wird.

Wenn der Wind bläst

Fingerspiel

Alter: ab 2 Jahren

Ein Baum steht auf der Wiese ganz allein.
Hand nach oben halten
Der Wind bläst sanft durch seine Blätter.
die Hand anblasen
Dabei wiegt sich der Baum hin und her.
Hand langsam hin und her bewegen
Doch der Wind wird kräftiger.
fester gegen die Hand pusten
Dabei neigt der Baum sich nach links, nach rechts, nach vorne und hinten.
Hand vor, zurück, nach rechts und links bewegen
einige Blätter lösen sich vom Baum und schweben langsam nach unten.
Hand vor dem Körper hin und her schwenken
Sie sinken zu Boden und bleiben dort liegen.
Hand auf Schenkel legen

Bewegungsspiel

Ich bin der Wind

Alter: ab 4 Jahren
Material: Handtrommel mit Schlägel, Matte

Die Kinder kommen im Bewegungsraum zusammen. Die pädagogische Fachkraft greift das Windthema auf. Die Kinder lernen einen kurzen Reim: *„Ich bin der Wind und fange euch geschwind.“* Die Fachkraft stellt den Kindern die Regeln des folgenden Spiels vor.

Zu Beginn des Spieles stehen alle Kinder auf der Matte. Sie wählen ein Kind aus, das den Wind spielen darf. Sobald das Windkind den Reim aufsagt, müssen alle Kinder die Matte verlassen und durch den Raum laufen. Bis die Fachkraft die Trommel schlägt und es windstill wird, muss der Wind so viele Kinder wie möglich fangen bzw. berühren. Die gefangenen/berührten Kinder müssen sich sofort nach der Berührung auf den Boden setzen, denn nur die nicht gefangenen Kinder kehren bei Windstille auf die Matte zurück. Das Spiel so lange weiterspielen, bis kein Kind mehr auf die Matte zurückkehren kann und alle auf dem Boden sitzen. Oder das letzte nicht gefangene Kind wird der neue Wind und das Spiel beginnt von vorne.

Tierisches im Herbst

Viele Tiere bereiten sich im Herbst auf den Winter vor. Dabei begeben sich manche in den Winterschlaf, in die Winterstarre oder fliegen in den Süden. Die Überlebensstrategien der Tiere unterscheiden sich. Wer gut über den Winter kommen will, muss sich vorbereiten. In der Tierwelt herrscht deshalb im Herbst Hochbetrieb.

Es können Vogelschwärme beobachtet werden, die sich auf den Weg in wärmere Gefilde machen. Es sind z. B. die Störche, Drosseln, Schwalben, Nachtigallen, Mauersegler, Kraniche, Gänse und viele weitere Arten mehr, die eine lange Reise – meistens nach Afrika – antreten.

Vögel, die bei uns überwintern, werden auch Standvögel genannt. Sie ernähren sich wie die Blau- und Kohlmeisen von Beeren und Samen, die sie noch an Sträuchern und Bäumen finden. Die Vögel stöbern aber auch in Baumrinden nach Larven, Würmern und Insekten. Im Garten finden die Vögel Samen von Stauden.

Auch andere Tiere bleiben im Winter hier, sie verkriechen sich und halten Winterschlaf. Darunter wird ein besonderer Ruhezustand, bei dem die Körpertemperatur herabgesetzt ist und die Körperfunktionen auf ein Minimum beschränkt werden.

Schon im August beginnen die verschiedenen Winterschläfer damit, sich eine dicke Speckschicht anzufressen. Die Ruhephase dauert in der Regel von November bis April. Sollte die Körpertemperatur zu stark absinken, werden die Tiere automatisch wach und erzeugen Wärme durch Bewegung, um dann erneut einzuschlafen. Zu diesen Tieren gehören Igel, Siebenschläfer und die Fledermäuse.

Eichhörnchen verschlafen nur einen kleinen Teil des Winters. Sie halten Winterruhe, das heißt, sie flitzen nicht so viel in der Gegend herum wie sonst. Das würde zu viel Energie verbrauchen. Stattdessen sammeln sie im Herbst eifrig Nüsse, Eicheln und Bucheckern, die sie unter Laub oder im Erdboden vergraben. Haben sie Hunger, unterbrechen sie ihren Schlummer und buddeln nach ihren Vorräten. Weil sie selten alles wiederfinden, tragen sie auch zur Aussaat von Pflanzen bei.

Eine interessante Methode, um zu überwintern, haben die Fische. Sie suchen im Herbst möglichst geschützte Verstecke auf. Wenn die Außentemperatur sinkt, kühlt ihr Blut ab, sie werden träge. Wenn die Körpertemperatur unter einen bestimmten Wert fällt, tritt die Kältestarre ein, aus der Fische erst im Frühjahr wieder erwachen. Das funktioniert deshalb, weil Fische wechselwarm sind und ihre Temperatur anpassen können.

Der Igel

Der Igel ist ein Tier, das sich in Ländern, in denen es nicht zu heiß ist, verbreitet hat. Er lebt an Waldrändern, unter Hecken, im Gestrüpp und Unterholz. In der Stadt sind die Stacheltiere meistens in Gärten und Parkanlagen anzutreffen, denn dort finden sie genug Verstecke. Igel verkriechen sich gerne in Erdhöhlen, Scheunen, Reisighaufen oder im Gebüsch, hier können sie tagsüber ungestört schlummern – sind sie doch am liebsten erst in der Dämmerung und nachts aktiv.

An den braunen Stacheln mit weißen Spitzen sind Igel ganz leicht zu erkennen. 8000 von diesen Stacheln, die eigentlich umgewandelte Haare sind, tragen sie auf dem Rücken. Nur am Bauch und im Gesicht, rund um die immer feuchte Nase, die dunklen Knopfaugen und um die Ohren, wachsen Haare.

Von der Schnauze bis zum kurzen Stummelschwanz misst ein Igel 22 bis 30 Zentimeter. Ein ausgewachsenes Tier wiegt ein bis anderthalb Kilo.

Der Igel ist ein Einzelgänger und seine Nahrung besteht in erster Linie aus Insekten und Würmern. In geringerem Ausmaß verzehren sie auch Wurzeln und Früchte. Ein Irrglaube ist es, dass ein Igel Milch als Nahrungsmittel verträgt, das kann im schlimmsten Fall für das Tier tödlich enden. Denn Igel haben eine Laktoseintoleranz und können Milchzucker nicht verdauen.

Igel eignen sich nicht als Haustiere, sie haben ganz besondere Ansprüche an die Pflege und Fütterung. Und weil die Tiere daran gewöhnt sind, sich viel zu bewegen, leiden sie sehr, wenn sie in Käfigen gehalten werden.

Die Igel bringen ein- bis zweimal im Jahr Nachwuchs zur Welt. Nach einer rund 30- bis 48-tägigen Tragzeit wirft das Weibchen ein bis elf Jungtiere. Neugeborene sind zunächst blind und hilflos und haben bei der Geburt noch weiche Stacheln, um den Geburtskanal der Mutter nicht zu verletzen. Nach 12 bis 24 Tagen öffnen die Jungtiere die Augen, nach sechs bis acht Wochen werden sie entwöhnt.

Die Lebenserwartung beträgt in freier Natur drei bis sieben Jahre.

Igel aus Tonkarton

Kreatives Angebot

Den Körper des Igels auf den hellbraunen, die Stacheln auf den dunkelbraunen Tonkarton übertragen. Die Kinder schneiden beide Teile aus, kleben den Igel zusammen und malen ihm Auge und Mund auf. Für das Näschen schneiden sie aus schwarzem Papier einen Kreis (1–1,5 cm Ø) und kleben ihn an.

Alter: ab 4 Jahren
Material: Vorlage 3 „Igel" (Anhang S. 106), hell- und dunkelbrauner Tonkarton, Schere, Kleber, schwarzes Papier, schwarzer Stift

Klanggeschichte

Theo will keinen Winterschlaf halten

Alter: ab 3 Jahren
Material: Klanghölzer, Triangel, Zimbeln, Holzblocktrommel, Rassel, Trommel, Schellenkranz

Die Fachkraft liest die Geschichte den Kindern zunächst ohne Einsatz der Instrumente vor. Anschließend benennen die Kinder alle darin vorkommenden Personen und Dinge. Ihnen werden die Instrumente vorgestellt und sie bekommen dabei die Möglichkeit zum Auszuprobieren und Kennenlernen.

Die Kinder ordnen die Instrumente den vorher benannten Personen und Dingen zu, z. B.:

- Theo — Klanghölzer
- Winterschlaf — Triangel, dieses Instrument kann mehrmals besetzt werden
- Igel — Rassel
- Eichhörnchen — Schellenkranz
- Storch — Trommel
- Specht — Holzblocktrommel
- Reh — Zimbel

Die Geschichte wird den Kindern erneut vorgelesen. An **Schlagwortstellen** wird immer eine Sprechpause gemacht und die Instrumente setzen ein.

Tipp: Um den Einsatz zu gewährleisten, hat sich Blickkontakt zu den Kindern bewährt.

Der Sommer neigt sich seinem Ende zu. Deutlich ist zu spüren: Die Tage werden kürzer, die Nächte länger, die Blätter wechseln ihre Farbe und fallen von den Bäumen – es wird Herbst.

Ein kleiner **Igel**, *der* **Theo** *heißt, erlebt den Einzug des Herbstes zum ersten Mal.* **Theo** *beobachtet gespannt die Veränderungen in seinem Wald und befragt neugierig dazu einen alten* **Igel**, *der sehr eifrig Blätter zusammenschiebt.*

„Der Sommer geht zu Ende, **Theo**! *Es wird Herbst und im Herbst müssen wir* **Igel** *uns auf den Winter und unseren* **Winterschlaf** *vorbereiten", antwortete der alte* **Igel** *„Was ist Sommer und was ist Ende? Was ist Herbst, was ist Winter und vor allem, was ist* **Winterschlaf?**", *fragt der kleine* **Theo**, *der noch nichts anderes kennt als die Zeit, wie er sie bis jetzt verbracht hat.* **Theo** *hat bisher meist nur gespielt, sich etwas zu fressen gesucht und tagsüber vor sich hin geträumt. „Was sind das für viele Fragen?", sagte der alte* **Igel**. *„Komm her, ich erzähl dir was dazu. Im Winter wird es hier sehr kalt und wir finden nichts mehr zu fressen. Deshalb fressen wir uns im Herbst noch einmal richtig satt. Haben wir genug Winterspeck, richten wir unseren Schlafplatz, legen uns hin und halten* **Winterschlaf**. *Erst, wenn der Winter vorbei ist, wachen wir auf und finden dann auch wieder etwas zu fressen."* **Theo** *hört genau zu und denkt sich: „Alter* **Igel**, *ich werde bestimmt nicht schlafen und schon gar nicht so lange!" Also macht* **Theo** *weiter wie bisher, er spielt und sorgt sich um nichts.*

Da trifft **Theo** *ein* **Eichhörnchen**. *Das* **Eichhörnchen** *ist sehr geschäftig, es rennt am Baum rauf und runter. „Was machst du denn da?", fragt* **Theo** *das* **Eichhörnchen**. *„Ich sammle meine Vorräte für den Winter", antwortet das* **Eichhörnchen**, *„du* **Theo**, *brauchst das ja nicht, denn du machst ja* **Winterschlaf!**" *Schnell huscht es wieder den Baum hinauf. „Schon wieder das Winterding", denkt* **Theo**. *Er trippelt weiter auf eine Wiese und trifft dort einen* **Storch**. *„Was machst du denn hier auf der Wiese?", fragt ihn der* **Storch**, *„müss-*

test du dir nicht einen Platz für deinen **Winterschlaf** *suchen?" „Jetzt fängst du auch noch damit an! Ich will gar nicht schlafen, du suchst dir ja auch keinen Schlafplatz", erwidert* **Theo**. *„Das muss ich nicht", antwortet der* **Storch**, *„ich warte hier auf meine Freunde zum großen Flug in den Süden. Ein* **Storch** *ist nämlich ein Zugvogel. Ein* **Storch** *fliegt im Winter dorthin, wo es warm ist. Du aber, kleiner* **Theo**, *kannst nicht fliegen wie ein* **Storch**.*" „Ich will ja gar nicht weg", denkt sich* **Theo** *trotzig und trippelt zu einem Laubhaufen. Dort findet er viele kleine Würmer und Schnecken, die ihm sehr gut schmecken.* **Theo** *ist so beschäftigt, dass er den* **Specht** *nicht bemerkt, der auch nach seinem Fressen sucht. „Mensch,* **Theo**, *pass doch auf!", ruft der* **Specht**, *„hier suche ich schon nach Fressen!" Schnell hüpft* **Theo** *auf die Seite, bevor ihn der spitze Schnabel des* **Spechtes** *treffen kann. „Hej* **Specht**, *machst du eigentlich einen* **Winterschlaf**?*", fragt* **Theo**. *Der* **Specht** *schaut* **Theo** *verdutzt an. „Ich? Nein, ich habe mir eine Baumhöhle gezimmert, und wenn es richtig kalt ist, setze ich mich da rein. Ab und zu suche ich mir dann etwas zu fressen. Manche Menschen helfen mir, denn sie streuen Futter für uns Vögel aus", antwortet der* **Specht**. *Stimmt,* **Theo** *hat das Klopfen des Spechtes im Wald schon oft gehört. „Aha, ein* **Specht** *baut sich eine Höhle, wenn er klopft", hat* **Theo** *jetzt gelernt.*

Langsam wird es Abend und ein scheues **Reh** *sucht nach den letzten saftigen Grashalmen zum Fressen. „Hallo* **Reh**, *machst du* **Winterschlaf**?*" Das* **Reh** *schaut von seinem Gras auf und antwortet* **Theo**: *„Nein, wir* **Rehe** *kennen leider keinen* **Winterschlaf**. *Wir* **Rehe** *haben es sehr schwer, wenn der Winter kommt. Der Schnee deckt alles Essbare zu oder es ist alles gefroren. Da hast du es besser, du kannst den Winter einfach verschlafen!" Sagt's und zupft weiter an den Grashalmen.* **Theo** *ist jetzt nachdenklich geworden. „Was haben das* **Eichhörnchen**, *der* **Storch**, *der* **Specht** *und das* **Reh** *gesagt? Du hast es gut, weil du* **Winterschlaf** *halten kannst. Vielleicht sollte ich doch noch mal mit dem alten* **Igel** *darüber reden." Das tut* **Theo** *dann auch so schnell wie möglich. Und schließlich sieht er ein, dass es besser ist, einen* **Winterschlaf** *zu halten, als nichts zu fressen zu finden und zu frieren.*

Jetzt baut **Theo** *sich ein schönes Bett aus Blättern, in das er sich hineinlegen kann, wenn der Winter kommt. Der* **Winterschlaf** *kann kommen!*

Kreatives Angebot

Igel-Druck

Alter: ab 3 Jahren
Material: Fingerfarbe (dunkelbraun), brauner und schwarzer Buntstift, Bleistift, weiße Blätter, Pinsel, Gabel, flache Schale

Vorbereitung: Für die jüngeren Kinder die Umrisse eines Igels vorzeichnen. Die Fingerfarbe in ein flaches Gefäß füllen, dass nur der Boden bedeckt ist, so nehmen die Kinder beim Eintauchen der Gabel nicht zu viel Farbe auf.

Zunächst zeichnen die Kinder mit einem Bleistift die Umrisse eines Igels. Die Schnauze mit einem braunen Buntstift anmalen. Das Gesicht mit einem Auge, Mund und Nase versehen. Anschließend kommt die Gabel zum Einsatz. Die Zinken der Gabel in die braune Farbe drücken und als Stacheln des Igels stempeln. So lange stempeln, bis der ganze Körper mit „Stacheln" ausgefüllt ist. Die Kinder achten darauf, in welche Richtung die Stacheln zeigen müssen.

Kreatives Angebot + Mathematik

Laufigel

Alter: ab 4 1/2 Jahren
Material: Pappe, Schere und Kleber, hell- und dunkelbrauner Tonkarton, Musterklammern, großer Bogen Tonkarton, schwarzer Stift, Vorlage 11 „Laufigel" (Anhang S. 113)

Durch das kreative Angebot Laufigel lernen die Kinder, dass je größer der Umfang eines Kreises oder Rades ist, desto größer die Strecke ist, die mit einer Umdrehung zurückgelegt wird.

Eine Kopie der Vorlage für den Igel drei weitere Male unterschiedlich groß kopieren, d. h. jedes weitere Mal einen Zoom von 15 % auf dem Kopierer einstellen. Die „Laufräder" auf Pappe kleben und ausschneiden. Die Igelkörper auf hellbraunen Tonkarton übertragen und ausschneiden. Die Schnauzen aus dunkelbraunem Karton ankleben.

Das zur Größe passende Rad von hinten auf den Körper legen, sodass etwa 1–2 cm (Innenkreis) von dem Rad zu sehen sind. In die Mitte des Rades und den Körper des Igels ein Loch stechen. Durch dieses Loch die Musterklammer stecken und fixieren.

Die Kinder sitzen zusammen um einen Tisch und die pädagogische Fachkraft erzählt ihnen die Geschichte von den vier Igeln und legt dabei die vier unterschiedlichen Igel nebeneinander auf den Tisch, wenn sie in der Geschichte erwähnt werden.

Auf einer Wiese, nahe an einem Wald, leben vier Igel: ein kleiner Igel, ein mittlerer Igel, ein großer Igel und ein sehr großer Igel. Die vier machen allerlei Quatsch. So verstecken sie sich und suchen sich gegenseitig. Sie machen auch Wettessen: Wer kann am schnellsten einen Apfel essen? Immer gewinnt ein anderer Igel. Mal gewinnt der kleine Igel, mal der mittlere Igel, mal der große Igel, mal der ganz große Igel. Nur, wenn sie ein Wettrennen veranstalten, gibt es immer den gleichen Verlierer.

Wer könnte das sein? Warum ist das so? Wer hat hierfür eine Idee?

Gemeinsam suchen die Kinder die Lösung: Vielleicht hat ein Igel mehr Beine als die anderen. Gemeinsam zählen sie die Beine aller Igel. Um das Zählen zu vereinfachen, malen sie bei jedem Igel ein Bein an.

Die Fachkraft legt den großen Bogen Tonkarton auf den Tisch und markiert am Rand eine Startlinie. Die Kinder stellen den markierten Fuß des kleinen Igels auf die Linie und lassen ihn genau eine Umdrehung machen, bis das markierte Bein wieder unten ist. Sie markieren diese Stelle mit einem Strich auf dem Tonkarton. Genauso gehen die Kinder nun mit den drei weiteren Igeln vor.

Die Kinder beschreiben die Linien auf dem Tonkarton, worin sie sich unterscheiden und stellen alle fest: Je größer der Kreis, desto weiter kommt der Igel mit einer Umdrehung.

Tipps:

- Die Kinder basteln sich einen Igel für zu Hause, so haben sie eine Erinnerung an diese Beschäftigung.
- Diese Beschäftigung kann auch auf andere Tiere oder Fahrzeuge übertragen werden.

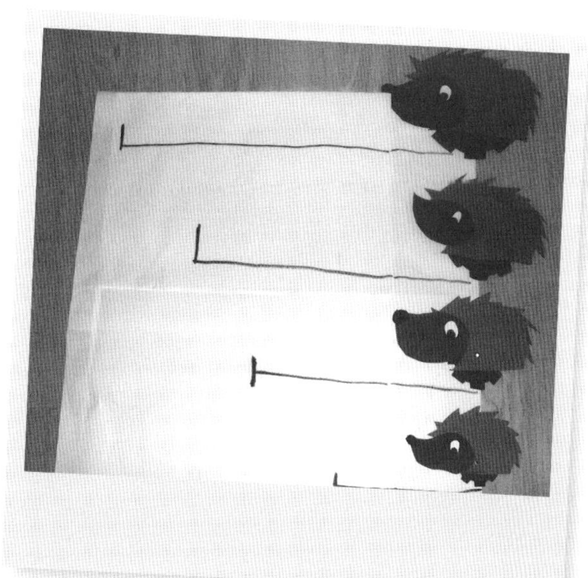

Kreatives Angebot

Igellaterne

Alter: ab 4 Jahren
Material: 1 Bogen dunkelbrauner Tonkarton, Tonpapier (hellbraun), Transparentpapier (orange), schwarzer Stift, Kleber, Draht, Schere und Prickelnadel, Vorlage 4 „Igellaterne" (Anhang S. 107)

Im Herbst werden viele Lichterfeste gefeiert, dazu bietet sich diese Igellaterne an.

Die Vorlage um 25 % vergrößert kopieren und den Körper des Igels zweimal auf den dunkelbraunen Tonkarton übertragen. Die Umrisse ausschneiden und das Innenteil (den Bauch) ausprickeln. Das orange Transparentpapier über das Loch kleben. Aus dem restlichen Tonkarton den „Boden" der Laterne fertigen. Dazu einen Streifen Tonkarton (45 x 17 cm) zuschneiden. An beiden Enden mittig jeweils ein Loch für die Aufhängung bohren. An den langen Seiten jeweils Zacken von einem Zentimeter Größe schneiden. Diese knicken und an diesen geknickten Zacken den Körper ankleben. Auf das hellbraune Tonpapier die Pfötchen und das Gesicht aufzeichnen und ausschneiden. Das Gesicht mit Augen, Nase und Mund versehen und auf die Laterne kleben. An den beiden seitlichen Löchern den ca. 30 cm langen Draht als Haltegriff befestigen.

Tipp: Bevor die Zacken in den Streifen geschnitten werden, mit einem Lineal und einem stumpfen Messer im Abstand von einem Zentimeter an den Längsseiten über die ganze Länge des Bodens fahren. So lassen sich die „Zähne" nach dem Schneiden leichter knicken.

Der Kolkrabe

Der Kolkrabe ist der größte und bekannteste Rabenvogel in Europa. Er gehört zu den intelligentesten Tieren im Tierreich. So können sich Kolkraben beispielsweise jahrelang bestimmte menschliche Gesichter einprägen und sie positiv (Fütterung) oder negativ (Jagd) verknüpfen. Sie werden 30–60 cm groß, mit einem Gewicht von 300–1500 g. Sie können bis zu 30 Jahre alt werden. Als Allesfresser verschmäht er fast nichts an Nahrung. Abfälle des Menschen sind mittlerweile eine zuverlässige Nahrungsquelle geworden. Der Schnabel ist sehr groß und kräftig. Das Gefieder ist einfarbig schwarz und je nach Lichteinfall glänzt es metallisch grün oder blauviolett. Seine natürlichen Feinde im Tierreich sind der Habicht und der Falke, die sich gerne die Jungvögel schnappen. Als in Gruppen lebende Raben haben sie aber praktisch keine Feinde. Raben zeigen bei der Nahrungssuche ein hohes Maß an Kreativität. Weil ihr Schnabel nicht stark genug ist, um Nüsse knacken zu können, lassen sie die Nüsse aus hoher Flughöhe auf feste Untergrundflächen fallen!

Der Rabe Krächz

Kreatives Angebot

Die Vorlage auf den schwarzen Tonkarton übertragen. Die Kinder schneiden die Einzelteile des Raben aus und kleben sie anhand des Fotos zusammen. Die Konturen zeichnen sie mit dem weißen Stift nach. In das weiße Auge malen sie eine schwarze Pupille.

Alter: ab 4 Jahren
Material: Tonkarton (schwarz), Papier (weiß), Schere, Kleber, weißer und schwarzer Stift, Kopiervorlage 5 zu „Kolkrabe“ (Anhang S. 108)

Geschichte

Der Rabe Krächz und die Tiere

Alter: ab 3 Jahren

Der Herbst hat sich über dem ganzen Land ausgebreitet. Heute ist es noch einmal so richtig schön warm, denn die Sonne strahlt vom Himmel. Der Rabe Krächz ist begeistert. Er findet diesen Sonnentag wunderschön, denn er liebt den Herbst, um nicht zu sagen, der Herbst ist seine liebste Jahreszeit. Sein Speiseplan ist jetzt so reichhaltig wie nie. Wenn die Bauern ihre Felder abgeerntet haben, bleibt immer etwas für ihn zurück. Er braucht sich nicht mal auf die Suche machen, überall findet er Nahrung. Bei diesem schönen Wetter gönnt er sich heute einen Tag Urlaub. Er setzt sich auf einen fast schon kahlen Baum und lässt sich von den Strahlen der Sonne wärmen. Dabei schweift sein Blick umher und er beobachtet die Umgebung.

„Nanu“, denkt der kleine Rabe, als er zum Himmel blickt. Ein seltsam bunter Vogel schwebt dort über seinen Feldern. „Was ist denn das für ein Kerl? Der wird sich doch nicht auf meine Felder stürzen? Und was ist das für ein Grinsen in seinem Gesicht? Diesen schrägen Vogel muss ich mir aus der Nähe ansehen!“, sprach Krächz zu sich selbst. Er breitet seine Flügel aus und fliegt direkt auf die bunte Gestalt zu. Doch als er diesen ulkigen Vogel erreicht, scheint sich dieser vor ihm zu fürchten, denn dieser Vogel fliegt auf einmal in Zickzack-Linien vor ihm davon.

„Halt, du Feigling!“, ruft der kleine Rabe. „Halt an! Ich will doch nur wissen, wer du bist!“

Der fremde, grellbunte Kerl mit den gebleckten Zähnen glotzt den kleinen Raben mit weit aufgerissenen Augen an und schweigt. „Kannst du nicht sprechen?“, schimpft der kleine Rabe. Der bunte Vogel schweigt weiter. Der kleine Rabe stellt eine Frage nach der anderen an den komischen Vogel, doch dieser gibt ihm nie eine Antwort. „Du könntest mir wenigsten eine Antwort geben!“, schreit er ihn an. Da dreht der Vogel ab. Doch er kommt nicht weit, denn er hängt an einer langen Schnur, die zum Boden führt, wo sie ein kleiner Junge festhält. „Jetzt weiß ich, was du für ein Vogel bist – ein Käfigvogel, der ausnahmsweise einmal draußen fliegen darf!“ Von diesen Vögeln hat Krächz schon gehört. Doch, dass ein Vogel wie ein Hund an der Leine fliegt, das ist ihm neu. „Na, dann lass ich dich mal in Ruhe, damit du deinen Ausflug genießen kannst, bevor du wieder in deinen Käfig musst!“ Mit diesen Worten dreht Krächz um und fliegt zurück zu seinem Baum.

Kaum sitzt Krächz wieder auf seinem Ast, da kommt doch schon wieder ein komisches Tier seinem Feld zu nahe. Auf dem Tier sitzt ein Kind. „Das reitet doch tatsächlich genau an mein Feld heran und steigt ab. Das kann doch nicht wahr sein! Da gönne ich mir einen Tag Urlaub und muss die ganze Zeit auf mein Feld aufpassen! Dem frechen Ding da werde ich gleich mal meine Meinung sagen, dass es auf meinem Feld ja nicht fressen soll“, beschließt der Rabe und fliegt zielstrebig auf das pinke Tier zu. „He du, was willst du hier, kannst du nicht woanders hingehen?“, schreit der Rabe schon im Anflug. Doch auch von diesem Tier bekommt er keine Antwort. „Ja, sag, hast du deine Sprache im Stall vergessen? So was von unfreundlich und unhöflich!“, ereifert sich Krächz und umkreist das pinke Tier, das sich davon nicht stören lässt. Und überhaupt, warum hast du denn so eine auffällige pinke Farbe?“ Da er immer noch keine Reaktion von diesem Tier bekommt, wird Krächz langsam sauer. Da hört er ein Kichern hinter sich, das immer lauter wird. Er dreht sich zu dem Kichern um und sieht eine kleine Feldmaus, die sich jetzt kugelt vor Lachen. „He, lachst du mich etwa aus?“, fragt der Rabe. „Ja, du bist so lustig! Merkst du denn gar nicht, dass du gerade ein Fahrzeug beschimpfst?“, fragt die Maus zurück. „Das ist kein Fahrzeug, das ist ein Tier und das will auf meinem Feld fressen!“ „Ganz bestimmt! Aber dieser

Drahtesel hier, das ist ein Fahrrad und kann gar nicht fressen, das lebt doch gar nicht!" „Wie, lebt nicht?" Jetzt ist der Rabe ganz verblüfft. „Ein Fahrrad ist ein Fahrzeug, das die Menschen sich gebaut haben, um nicht laufen zu müssen. Das braucht nichts zu fressen und bewegt sich auch nur, wenn ein Mensch darauf sitzt und in die Pedale tritt", erklärt die Maus. Jetzt sieht es auch der Rabe: Seit das Kind von dem Fahrrad abgestiegen ist, hat es sich nicht bewegt. „Es wird sich auch erst wieder bewegen, wenn sich das Kind wieder daraufsetzt", fährt das Mäuschen fort. „Und vorhin, das andere Tier, das du am Himmel gesehen hast, das war ein Drachen und kein Käfigvogel. Den bauen sich die Menschen, um Spaß zu haben. Es ist ein Spielzeug, also auch kein echtes Tier!" Da fängt der kleine Rabe Krächz an zu lachen, so sehr, dass er gar nicht mehr aufhören kann. Und die kleine Maus lacht mit ihm. „Danke, dass du mir das alles erklärt hast. Jetzt kann ich doch noch meinen freien Tag genießen. Ohne Angst, dass mir komische Tiere mein Feld leerfuttern", bedankt sich der Rabe, als er sich etwas beruhigt hat. „Ein kleines bisschen wirst du wohl hergeben müssen, denn ich habe Hunger und will mir hier gerade eine Portion Körner holen." „Das ist okay für mich, wenn du mir wieder hilfst, wenn ich mal wieder ein ungewöhnliches Tier sehe!", sagt der Krächz und fliegt wieder zurück zu seinem Sonnenplatz im Baum.

Rabenvögel

Gespräch

Alter: ab 4 Jahren
Material: Tonkarton (schwarz, weiß, grau), schwarzer Stift, Kleber und Schere, Plakat, Bilder der Rabenvögel (Kolkrabe, Rabenkrähe, Saatkrähe, Dohle, Eichelhäher, Elster), Kopiervorlage 9 zu „Rabenvögel" (Anhang S. 111)

Bei der Beschäftigung werden die Vögel nacheinander den Kindern vorgestellt und anschließend nebeneinander auf einem Plakat aufgeklebt. Nach dem Ende der Beschäftigung dürfen sich die Kinder einen der schwarzen Vögel aussuchen, basteln ihn, um die Größenunterschiede noch einmal festzuhalten.

Wenn wir einen schwarzen Vogel sehen, sagen wir: „Da ist ein Rabe." Doch das ist meistens nicht richtig, die richtige Bezeichnung wäre „Rabenvogel". Denn es gibt viele verschiedene Arten, die eigentlich nur den kräftigen Schnabel gemeinsam haben und das ist auch schon fast alles, denn die verschiedenen Arten unterscheiden sich ziemlich stark voneinander. Hier sind die sechs häufigsten Rabenvögel.

Die größten Rabenvögel sind die **Kolkraben**. Sie haben ein tiefschwarzes, blau schillerndes Gefieder, werden bis zu 64 cm groß und sind bis zu 1250 g schwer. Ihr Schwanz ist im Flug keilförmig und der Schnabel ist sehr kräftig.

Kolkraben sind in den verschiedensten Lebensräumen zu Hause: in Gebirgen, an felsigen Küsten, in der Tundra, in Laub- und Nadelwäldern sowie in Busch-Steppen und wüstenartigen Regionen. In den Alpen leben sie bis in 2400 Meter Höhe.

Rabenkrähen sind deutlich kleiner als Kolkraben. Sie werden bis 47 cm groß und wiegen zwischen 460 und 800 g. Ihr Gefieder ist ebenfalls schwarz, schillert aber nicht so stark. Rabenkrähen leben in Moorlandschaften, an Küsten, in Wäldern, Parks und auch in Städten.

Saatkrähen werden etwa 46 cm groß und wiegen 360 bis 670 g, sind also etwa so groß wie Rabenkrähen. Ihr Gefieder ist schwarz und schillert blau. Ihr Schnabel ist, verglichen mit dem der Rabenkrähen, schlanker und länger. Außerdem ist die Schnabelwurzel weißlich und trägt keine Federn. Saatkrähen bevorzugen Waldränder und Lichtungen, leben heute aber auch in Städten.

Noch kleiner ist die **Dohle**. Sie wird nur 33 cm groß und bis zu 230 g schwer. Sie ist also etwa so groß wie eine Taube und grauschwarz gefärbt. Vor allem am Hinterkopf, Nacken und an den Ohren sind Dohlen grau. Der Rücken ist schwarz mit einem blauen Schimmer, die Bauchseite grauschwarz. Die Alpendohle hat einen gelben Schnabel. Dohlen fühlen sich in Parks, Laubwäldern, aber auch in Ruinen zu Hause. Heute leben sie aber immer öfter in Städten und brüten in Parks und großen Gärten.

Doch längst nicht alle Rabenvögel sind schwarz. Der beste Beweis ist – bunt und schillernd gefärbt – der **Eichelhäher**. Sie werden 34 cm groß, aber nur 170 g schwer. Ihr Gefieder ist rötlichbraun, die Flügel sind schwarz-weiß gezeichnet und blau-schwarz gebändert. Der helle Kopf ist schwarz gestichelt. Die Eichelhäher sind in Wäldern bis in 1600 m Höhe zu Hause, aber auch in Parks zu sehen.

Auch die schwarz-weiß gefärbte **Elster** mit ihrem langen Schwanz gehört zu den Rabenvögeln. Schnabel, Kopf, Rücken und Schwanz sind schwarz, Schulter und Bauch weiß. Die Flügeldecken schillern bläulich, die Schwanzfedern grünlich. Die Elster wird bis zu 46 cm groß und 210 g schwer. Die Elster lebt in Wäldern, Gärten, Parks und im Gebirge bis in 1700 m Höhe

Alle Rabenvögel sind geschickte Flieger. Kolkraben kreisen oft gemeinsam in großer Höhe und sind sogar richtige Flugkünstler: Sie drehen sich auf den Rücken, drehen Loopings oder lassen sich im Sturzflug fallen.

Während die Kolkraben eher in Paaren leben, leben die Paare der Saatkrähen, Rabenkrähen und Dohlen gern gesellig in Gruppen, im Winter oft auch in großen Schwärmen. Die Rabenvögel haben einen abwechslungsreichen Speiseplan. Sie leben sowohl von pflanzlicher als auch von tierischer Nahrung. Im Sommer fressen sie vor allem Schnecken, Muscheln, Regenwürmer, Insekten und manchmal kleine Säugetiere oder Vogeleier und Küken. Im Winter müssen sie sich mit Beeren, Samen und Aas begnügen. Manchmal jagen sie auch anderen Vögeln die Beute ab. Im Herbst ernähren sie sich von Eicheln und Bucheckern, die sie als Wintervorrat auch vergraben. Beim Anlegen von Futterverstecken zeigen sich Raben äußerst trickreich. In Anwesenheit von Artgenossen legen Raben Scheinverstecke an, um die versteckte Nahrung nicht an einen anderen Raben zu verlieren. Da sie einen Teil ihrer Vorräte regelmäßig vergessen, tragen sie zur Verbreitung von Bäumen bei.

Schlechte Eltern werden Rabeneltern genannt, dabei sind Raben alles andere als schlechte Eltern: Der Nachwuchs von 1–3 Jungtieren wird über mehrere Wochen hin mit Nahrung versorgt und vor eventuellen Fressfeinden verteidigt.

Raben verfügen über ein umfassendes Repertoire an Lautäußerungen. Der am häufigsten zu hörende Ruf ist ein lautes und scharfes „kraa", das bei Bedrohung geäußert wird; bei starker Bedrohung wird gereiht „kraa, kraa, kraa, kraa" oder „rak, rak, rak, rak" gerufen. Einander fremde Raben kommunizieren anders miteinander als miteinander bekannte Raben. Eine solche Kommunikation ist bei Vögeln einmalig.

Tipp: Für diese Beschäftigung nur den Kolkraben, die Rabenkrähe, die Saatkrähe und die Dohle auswählen, da es sich bei diesen vier um ausschließlich schwarze Vögel handelt.

Dohle aus Faltpapier

Kreatives Angebot

Alter: ab 4 Jahren
Material: rundes Faltpapier (schwarz und gelb), weißes Papier, Schere und Kleber

Die geometrische Form „Kreis" erkennen die Kinder auf Anhieb. Bei dieser Beschäftigung geht es darum, die Form zu teilen und wieder zusammenzusetzen. Dies hilft den Kindern, grundlegende Fähigkeiten der visuellen Informationsaufnahme zu schulen.

- Legen Sie ein rundes Faltpapier auf den Tisch. Besprechen Sie mit den Kindern, um welche Form es sich handelt, und erörtern Sie die besonderen Merkmale: „Es ist ein Kreis, eine Form, die keine Ecken und Kanten hat."
- Ein weiteres Faltpapier kommt hinzu und wird genau in der Mitte geteilt – es wird halbiert. Eine Hälfte neben den ganzen Kreis legen. Dabei wiederholen: „Hier liegen ein ganzer und ein halber Kreis."
- Das nächste Faltpapier wird in vier gleich große Teile geschnitten: „Der Kreis wird geviertelt. Ein Teil davon heißt Viertel. Das Wort „Viertel" wird betont und gemeinsam werden die Viertel gezählt: ein Viertel, zwei Viertel, drei Viertel und vier Viertel. Dabei den Kreis wieder zusammensetzen. Und was sehen die Kinder, wenn der vierte Teil wieder am Kreis liegt? Er ist wieder ganz. Was steckt drin in dem Wort Viertel: die Zahl Vier. Ein Viertel, das ist der vierte Teil von etwas.

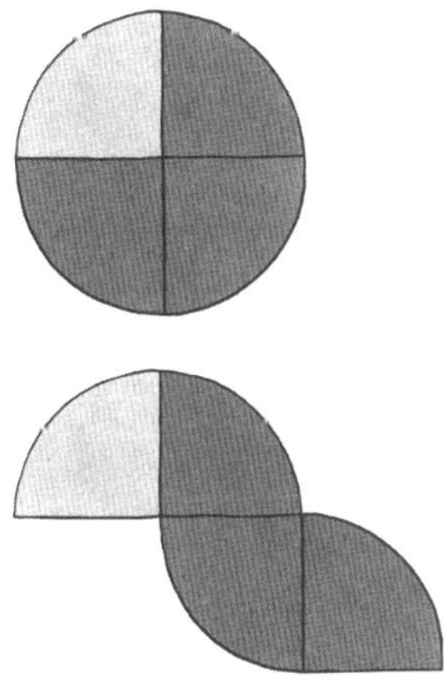

Die pädagogische Fachkraft leitet dazu über, dass sie nun aus den Vierteln eine Dohle basteln werden. Jedes Kind nimmt sich ein rundes schwarzes Faltpapier, faltet es zweimal zur Hälfte und schneidet es in vier Teile. Zunächst legen die Kinder den Vogel aus den vier Teilen zusammen. Da der Schnabel noch die gleiche Farbe hat, bekommt jedes Kind ein gelbes Viertel hinzu und tauscht es aus. Das schwarze Viertel, das übrig ist, wird noch einmal geteilt und als Füße passend zurechtgeschnitten. Die Dohle auf ein Blatt kleben. Aus weißem Papier der Dohle noch ein Auge basteln.

Kreatives Angebot Rabenvogel an der Hand

Alter: ab 4 Jahren
Material: schwarzes Tonpapier, weißer Holzstift, Toilettenpapierrolle, Schere, Kleber, Gummiband, weißes Papier, schwarze Feder, Vorlage 6 zu Rabenvogel an der Hand (Anhang S. 109)

Die Toilettenpapierrolle mit dem schwarzen Tonpapier bekleben.

An der unteren Hälfte an zwei gegenüberliegenden Seiten Löcher stechen. Vom Gummiband so viel abschneiden, dass es um das Handgelenk passt, und durch die Löcher einziehen und verknoten. Damit der Vogel besser am Handgelenk „sitzt", können zwei gegenüberliegende Halbkreise in die Rolle geschnitten werden. Die Einzelteile Flügel, Schnabel, Beine und Augen anhand der Vorlage auf das schwarze bzw. weiße Papier aufmalen und ausschneiden. Den Schnabel in der Mitte knicken und wie alle Teile am Vogelkörper (Rolle) ankleben. Am Kopf noch eine schwarze Feder befestigen.

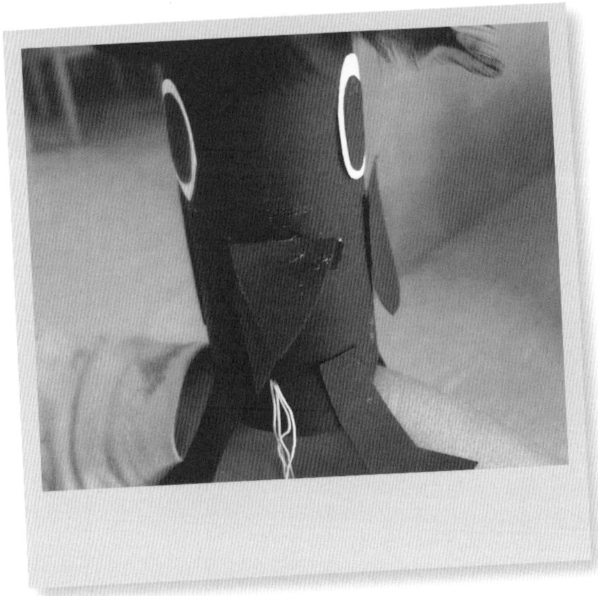

Kreatives Angebot Rabenvögel aus Fingerabdrücken

Alter: ab 4 Jahren
Material: weißes Papier (DIN A4), schwarze Fingerfarbe, schwarzer und gelber Stift

Mit der schwarzen Fingerfarbe drucken die Kinder einen oder mehrere Fingerabdrücke auf das Blatt Papier. Nach dem Trocknen malen sie mit dem schwarzen Stift die Füße und – wenn sie möchten – mit dem gelben einen Schnabel an den Abdruck. Den Abdruck noch mit Augen versehen.

Das Eichhörnchen

Das Eichhörnchen gehört in Gärten oder Parks zu den beliebtesten Tieren der Kinder. Dazu trägt vor allem sein niedliches Aussehen bei. Seine tollkühnen Kletterkünste beeindrucken wie seine scheinbar pausenlose Geschäftigkeit und sein drolliges Männchen-Machen.

Kennzeichnend ist auch der 20 cm lange buschige Schwanz. Er ermöglicht ihnen das Leben auf Bäumen. Er hilft ihnen beim Klettern die Balance zu halten und mit ihm steuern sie ihre Bewegungen. Daneben erfüllt der Schwanz Aufgaben bei der Kommunikation mit Artgenossen und dient sogar zum Warmhalten. Er kann ein zusammengerollt liegendes Hörnchen komplett bedecken!

Für seine großen Sprünge braucht das Eichhörnchen nicht allein den langen Schwanz, genauso wichtig sind die kräftigen Hinterbeine und seine scharfen Krallen. Mit ihnen hat es auch Halt, wenn es kopfüber den Baum wieder herunterklettert.

Die Färbung der Eichhörnchen variiert stark. Allen gleich ist der immer weiß gefärbte Bauch, während die Fellfarbe von hellem Fuchsrot über Schokoladenbraun bis zum Schwarz reichen kann. Schwarzes Fell ist länger, dichter und isoliert besser. Daher finden sich in höheren, feuchten und kühlen Lagen häufiger schwarze Tiere.

Eichhörnchen ernähren sich vor allem von Früchten und Samen. Besonders lieben sie die von Buche, Eiche, Kiefer, Ahorn und Fichte, aber auch Kastanien und Nüsse. Hinzu kommen auch Knospen, Blüten und Pilze. Aber auch tierische Kost verschmähen sie nicht, plündern sie doch gerne Vogelnester!

Vor dem Winter fressen sich Eichhörnchen nur wenig Winterspeck an. Sie verstecken stattdessen Nahrung in Depots, die sie bei Nahrungsengpässen plündern. Übrigens: Mit dem Verstecken der Samen tragen Eichhörnchen zur Verbreitung von Baum- und Straucharten bei. Nadel- und Mischwälder sind für Eichhörnchen als Lebensraum besser geeignet als Laubwälder, da sie die zu Boden fallenden Früchte mit anderen Tieren teilen müssen. Eichhörnchen sind tagaktiv und halten keinen Winterschlaf. Im Sommer sind sie frühmorgens und nachmittags unterwegs und machen am Mittag eine Pause. Im Herbst sammeln sie ganztags Nahrung und im kalten Winter sind sie je nach Wetter nur wenige Stunden aktiv. Zur Nachtruhe und zu regelmäßigen Mittagspausen ziehen sich die Hörnchen in Baumhöhlen oder einen Kobel zurück, so werden ihre Baumnester genannt. Diese gepolsterten Reisigkugeln haben in der Regel 15 cm Innenraumdurchmesser. Häufig haben Eichhörnchen mehrere Kobel in Gebrauch, sogenannte Wurfkobel sind etwas größer und dienen der Aufzucht des Nachwuchses. Nach 38 Tagen Trächtigkeit kommen zwei bis fünf jeweils 10 g schwere Junge zur Welt, um die sich das Weibchen alleine kümmert. Erste Fellhaare sprießen um den achten Lebenstag, mit 32 Tagen öffnen sich die Augen.

Schlechte Waldqualität kann zum Rückgang der Eichhörnchen beitragen. Von den Beutegreifern haben es Habicht und Marder auf Eichhörnchen abgesehen.

Geschichte Puschel will nicht raus

Alter: ab 3 Jahren *Das kleine Eichhörnchen Puschel lebt mit seiner Mama und seinen Geschwistern in einem wunderschönen Kobel. Diesen Kobel haben seine Eltern in einem hohen Tannenbaum gebaut. Darin fühlt sich Puschel so wohl, hier hat er alles, was er braucht, sein Essen, seinen Schlafplatz und seine Spielsachen. Puschel ist rundum glücklich. Doch das kleine Eichhörnchen weiß, dass eines Tages der Tag kommen wird, an dem es den Kobel verlassen muss. Seine Mama bereitet es schon lange darauf vor: „Puschel, bald bist du groß und alt genug, um einmal alleine aus dem Bau zu gehen." Zuerst freut sich Puschel noch riesig darüber, doch je näher der Tag kommt, desto mehr Angst bekommt er davor. Seine Geschwister erzählen ihm richtige Schauergeschichten. „Da draußen sind fremde Tiere, da sind riesige Bäume und du, du bist dort ganz alleine!" Oh je, Puschel wird schon bei dem Gedanken richtig bange, dass er da irgendwann raus muss.*

Und heute ist es nun soweit! Mama will ihn begleiten und ihn aus dem Kobel führen. Doch Puschel weigert sich und spielt krank. „Ich kann nicht raus, mir ist übel!", behauptet er jammernd. Seine Mama fühlt seine Stirn und sagt: „Du bist nicht krank." Puschel fängt an zu weinen. Seine Geschwister lachen ihn aus und schimpfen ihn Baby. So fühlt er sich auch und denkt: „Wenn ich doch nur ein Baby wäre, dann müsste ich da nicht raus! Aber alles Sträuben nützt mir nichts, ich muss hier raus. Heute ist ja Mama noch dabei", beruhigt sich Puschel, „also kann es nicht so schlimm werden!" Ganz langsam geht er zum Eingang und schaut vorsichtig aus dem Kobel. „Jetzt mach schon", sagen seine Geschwister. Da reicht es dem kleinen Eichhörnchen, es wird sauer und schreit: „Haltet endlich euer Maul!" Und dann sind sie draußen, er und seine Mama. Und wirklich, seine Mama bleibt die ganze Zeit bei ihm. Sie zeigt ihm, wo die köstlichsten Beeren wachsen und wo er die leckersten Nüsse und Eicheln finden kann. Und wenn sie Tiere treffen, stellt sie ihnen Puschel vor. Alle sind sehr nett zu ihm, doch Puschel bemerkt das gar nicht. Puschel folgt seiner Mama mürrisch, meint, dass alle ihn anstarren, und findet sie deshalb alle blöd. Der Boden ist zu hart, es ist zu kalt und außerdem ist alles langweilig. Puschel schimpft die ganze Zeit vor sich hin, bis er endlich wieder zu Hause ist. Auch am nächsten Tag begleitet ihn seine Mama und Puschel schimpft wieder nur, so auch am übernächsten und an allen weiteren Tagen. Er bemerkt nicht, dass die Tiere, die am Anfang so freundlich zu ihm waren, sich jetzt wegdrehen, wenn er kommt. Denn er ist wie immer nur damit beschäftigt, alles schlecht und ungerecht zu finden. Am sechsten Tag,als sie wieder rausgehen, sagt seine Mama zu ihm: „So Puschel, jetzt ist es Zeit, dass du alleine gehst. Ich habe dir alles gezeigt, jetzt ist es an dir, was daraus zu machen, du weißt jetzt alles." Zuerst bleibt Puschel noch hocken, bis ihm seine Mama einen kleinen Stups gibt. Da läuft er los, setzt sich hinter einen Baum und fängt an zu weinen. „Ich weiß gar nichts, ich werde nichts zu fressen finden, ich kenne mich nicht aus und Freunde habe ich auch nicht. Alles ist doof, blöde und keiner mag mich." Als er so schluchzt, kommt ein kleines Mäuschen auf ihn zu. „Hau ab und guck nicht so", begrüßt Puschel die Maus mürrisch. „He du, sei nicht so unfreundlich, ich habe dir gar nichts getan", erwidert die Maus. „Mir ist so kalt und keiner mag mich!" „Da brauchst du dich auch nicht zu wundern, wenn du zu jedem so unfreundlich bist. Am ersten Tag als ich dich gesehen habe und dich ganz nett begrüßte, da hast du dich einfach weggedreht. Am nächsten Tag wollten wir dich sogar zum Spielen einladen, da hast du nur geschimpft, es sei zu kalt! Und am dritten Tag bist du immer wieder über einen Blätterhaufen getrampelt und hast ihn kaputt gemacht. Das war der Schlafplatz des Igels für den Winter! Und da wunderst du dich, dass dich niemand mag?" Puschel wird ganz nachdenklich. „Stimmt, ich war wirklich nicht freundlich und nett. Meinst du, ich kann mich noch ändern? Und mögen mich dann die anderen und spielen sie dann auch mit mir?" „Jeder hat eine zweite Chance verdient, auch du! Wenn du dich bemühst, werden das die anderen anerkennen", macht ihm das Mäuschen Mut und springt davon. Puschel bleibt noch eine Weile sitzen und erkundet dann die Gegend noch einmal. Dieses Mal geht er mit offenen Augen durch den Wald und grüßt die anderen Tiere freundlich. Er merkt, dass die gar nicht blöde sind, im Gegenteil, die meisten grüßen freundlich zurück. Und auch die leckeren Nüsse, von denen das Mäuschen gesprochen hat, findet er. Als er am Abend in seinem Bett liegt, freut Puschel sich sogar auf den nächsten Tag.

Eichhörnchen basteln

Kreatives Angebot

Alter: ab 4 Jahren
Material: Tonkarton (hell-, dunkelbraun), weißes Papier, schwarzer Stift, Schere, Kleber, Vorlage 7 Eichhörnchen basteln (Anhang S. 110)

Körper, Beine und Ohren des Eichhörnchens auf den hellbraunen Tonkarton übertragen, den Schwanz auf den dunkelbraunen Karton.

Die Kinder schneiden die Teile des Eichhörnchens aus und kleben sie anhand des Fotos unten zusammen. Für das Auge schneiden sie einen Kreis aus weißem Papier kleben ihn auf und malen die Pupille und alle Konturen mit einem schwarzen Stift auf.

Kreatives Angebot

Eichhörnchen als Stiftehalter

Alter: ab 4 Jahren
Material: Toilettenpapierrolle, Tonkarton (braun), Kleber, Schere, schwarzer Stift, Wackelaugen, Blatt, Vorlage 8 zu „Eichhörnchen ...“ (Anhang S. 111)

Für das Eichhörnchen die Vorlage vom Körper zweimal und den Schwanz einmal auf den braunen Tonkarton übertragen und ausschneiden.

Den Körper rechts und links an die Papprolle kleben und den Bauch und das Hinterteil jeweils zusammenkleben. Den Schwanz einschneiden, die Enden knicken und hinten an der Rolle befestigen. Das Näschen und den Mund mit dem schwarzen Stift aufmalen und die Wackelaugen aufkleben. Zwischen die beiden Vorderpfötchen ein Blatt oder eine Eichel kleben.

Das rhythmische Eichhörnchen

Rhythmus-geschichte

Alter: ab 3 Jahren
Material: für jedes Kind ein Paar Klanghölzer

Bei dieser Rhythmusgeschichte gibt die Fachkraft den Rhythmus vor, den die Kinder übernehmen und mitmachen.

Das Eichhörnchen sitzt in seinem Kobel und lauscht den Geräuschen, die der Wald heute so macht.

Es hört, wie der Regen ganz leise auf das Blätterdach tropft. Mit seinen Pfötchen tippelt es den Takt mit:

Tropf, Tropf, Tropf ... (langsam sprechen)

Die Kinder klopfen im Rhythmus mit.

Da wird der Regen stärker.

Tropftropf, Tropftropf ... (schneller sprechen)

Die Kinder klopfen im Rhythmus mit.

Da hört das Eichhörnchen noch ein anderes Geräusch:

Tock, Tock, Tocktock, Tock, Tock, Tocktock ...

Die Kinder klopfen im Rhythmus mit, 2 x langsam, 2 x schnell

Ach ja, ein Specht baut an seiner Baumhöhle.

Da raschelt doch etwas?

Raschel, Raschel ...

Mit dem einen Klangholz schnell über das andere streichen.

Ach ja, der Igel schiebt seine Blätter zusammen!

Da trippelt doch etwas leise den Baum rauf und runter?

Tipp, tipp, tipp ... (leise und schnell sprechen)

Die Kinder klopfen im Rhythmus leise und schnell mit.

Ach ja, das ist noch ein Eichhörnchen! Es bringt seine Nüsse vor dem Regen in Sicherheit.

Da hört das Eichhörnchen dich (Name eines Kindes sagen)! Hast auch du einen Rhythmus für das Eichhörnchen?

Nacheinander darf jedes Kind mit seinen Klanghölzern einen Rhythmus vorgeben, den das „Eichhörnchen“ und die anderen Kinder nachmachen.

Hört ihr, es regnet immer noch!

Tropf, Tropf, Bumm!

Die Kinder klopfen im Rhythmus mit (2 x leise klopfen, dann 1 x kräftig).

Der Donner grollt über dem Wald und gleich noch mal!

Tropf, Tropf, Bumm!

„Gut, dass ich in meinem Kobel bin!“, denkt sich das Eichhörnchen und schließt die Augen.

Tipp: Die Klanghölzer können gegen Handtrommeln ausgetauscht werden.

Fingerspiel

Das Eichhörnchen ist nicht gern allein

Alter: ab 2 1/2 Jahren

Das Eichhörnchen wohnt auf einem hohen Baum und sagt: „Ich bin nicht gern allein.“

Zeigefinger einer Hand nach oben halten, die andere Hand bildet eine Faust.

So klettert es herab von seinem hohen Baum und klopft bei einem Mäuschen an.

Mit dem Zeigefinger an die Faust tippen. Der Zeigefinger an der Faust geht hoch und wieder runter.

Das Mäuschen lädt es nicht ein, denn es ist gerne allein.
So springt es weiter und klopft beim Igel an.

Mit dem Zeigefinger an die Faust tippen. Der Zeigefinger geht hoch und wieder runter.

Der Igel lädt es nicht ein, denn er ist gerne allein.
Da läuft es weiter und klopft beim Rehlein an.

Mit dem Zeigefinger an die Faust tippen. Der Zeigefinger geht hoch und wieder runter.

Das Reh lädt es nicht ein, denn es ist gerne allein.
Da klopft es bei einem Eichhörnchen an.

Mit dem Zeigefinger an die Faust tippen. Der Zeigefinger geht hoch.

Das freut sich sehr, lädt es in sein Nest ein und sagt: „Ich bin auch nicht gern allein, drum lass uns Freunde sein.

Beide Zeigefinger miteinander verhaken.

Tipp: Es können noch weitere Tiere genannt werden, die das Eichhörnchen nicht einladen.

Herbstzeit - Erntezeit

Obst oder Gemüse?

Nicht nur für Kinder ist es sehr schwer, Obst und Gemüse richtig einzugruppieren. Denn es gibt keine feste Regel zur Unterscheidung von Obst und Gemüse.

Obst wächst auf Bäumen und Gemüse am Boden, das stimmt nicht. Auch wenn es kein „Baumgemüse" gibt, so wachsen Beeren, Melonen oder Ananas nicht auf Bäumen.

Besonders Melonen sind eine Herausforderung, sie gehören gemeinsam mit Gurken, Kürbissen und Zucchini zu der gleichen Pflanzenfamilie. Trotzdem ist es so, dass Melonen zum Obst und Kürbisse zum Gemüse gezählt werden. Auch die Beschreibung, Obst wächst aus der Blüte mehrjähriger Pflanzen, Gemüse hingegen entsteht aus den Wurzeln oder Blättern meist einjähriger Pflanzen, lässt sich nicht als Einteilungskriterium nehmen, denn dann wären auch Gurken, Tomaten oder Zucchini Obst.

Da eine Zuordnung nicht immer möglich ist, unterscheidet man in der Landwirtschaft dennoch zwischen Steinobst wie Pflaumen und Kirschen, Kernobst wie Äpfel und Birnen, Beerenobst und Zitrusfrüchten. Bananen wiederum lassen sich da nirgends zuordnen.

Bei Gemüse wird zwischen Blattgemüse wie Kopfsalat und Spinat, Stängelgemüse wie Rosenkohl und Knollengemüse wie Möhren unterschieden. Hierzulande sind Kartoffeln eine Extra-Kategorie, die nicht als Gemüse gilt, in vielen Ländern zählen sie aber zum Knollengemüse. Auch Pilze sind kein Gemüse, sondern eine Kategorie für sich. Nur eine Regel trifft fast immer zu, dass Obst mehrjährig und Gemüse einjährig ist.

Obst und Gemüse schmecken nicht nur lecker, sie enthalten viele lebensnotwendige und gesundheitsfördernde Inhaltsstoffe wie Vitamine und Mineralstoffe, die dazu beitragen, dass wir gesund bleiben und uns fit fühlen.

Tipp: Die Kinder schneiden aus Prospekten der Supermärkte Obst und Gemüse aus und kleben dieses in aufgemalte Obst- und Gemüsekörbe.

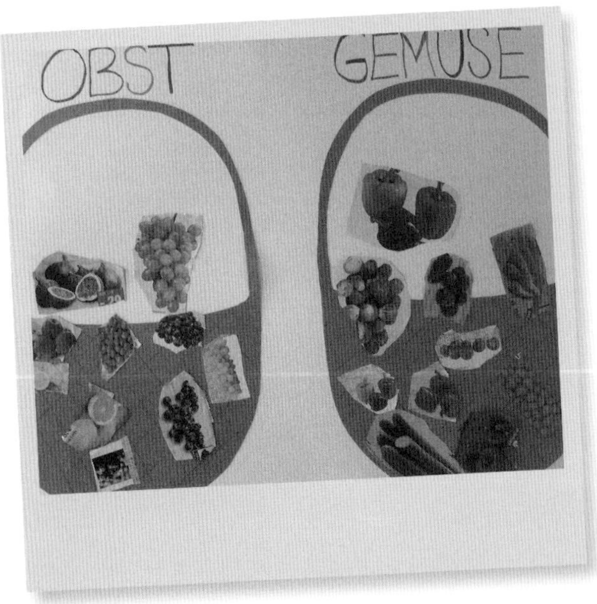

Erntezeit

Erlebnisturnen

Vorbereitung: Den Raum vor dieser Bewegungseinheit wie folgt vorbereiten: Eine Matte auf den Boden legen und einen Korb mit Tennisbällen oben an die Sprossenwand hängen. In eine Ecke des Raumes für jedes Kind einen Ball legen. Einen Tisch und die Langbank mitten im Raum platzieren.

Alter: ab 3 Jahren
Material: Matte, Sprossenwand, Tisch, Tennisbälle, Bälle, Langbank, Tau

Wer hat denn in letzter Zeit ein Feld gesehen und beobachtet, was dort passiert? Überall im Land wird das Obst und Gemüse geerntet, denn es ist Erntezeit. Ich möchte euch einladen, mit mir einen Bauernhof zu besuchen.

Die Kinder gehen durch den Raum.

Jetzt sind wir am Bauernhof angekommen und hier begrüßt uns der Bauer. Er lädt uns ein, auf seinem Anhänger, der vom Traktor gezogen wird, mitzufahren.

Alle Kinder setzen sich auf die Matte.

Und los geht die Fahrt, das hoppelt aber ganz schön.

Die Kinder wackeln hin und her.

So, wir sind auf dem Kartoffelfeld angekommen. Die Erntemaschine buddelt die Kartoffeln aus und wir müssen die Kartoffeln, die auf dem Feld liegen, einsammeln.

Kinder laufen durch den Raum, bücken sich immer wieder und sammeln imaginäre Kartoffeln ein.

Das Kartoffelfeld ist abgeerntet, nun geht's schnell zum Apfelbaum. Hier müssen wir die Leiter hoch, um die Äpfel zu pflücken.

Kinder klettern nacheinander die Sprossenwand hoch und holen jeweils einen Tennisball aus dem Korb und legen ihn unter der Sprossenwand ab.

Jetzt sind die Trauben dran! Bei der Traubenernte müssen wir uns mal bücken, dann wieder strecken und auch mal unter einem Weinstock hindurch krabbeln.

Die Kinder laufen durch den Raum und bücken und strecken sich und krabbeln unter dem Tisch durch.

Die Kürbisse auf dem Feld hat der Bauer schon zusammengetragen, wir müssen sie jetzt nur noch zum Traktor bringen.

Die Kinder tragen die Bälle zur Matte.

Jetzt müssen wir den Traktor mit den Äpfeln beladen, doch dazu müssen wir über eine Brücke, um die Äpfel zu holen.

Kinder laufen über die Langbank, holen jeweils einen Tennisball und gehen über die Bank zurück.

Schaut mal her, da steckt eine riesige Möhre in der Erde, die müssen wir gemeinsam ziehen.

Kinder nehmen ein Tau, das um die Bank geschlungen wird, und ziehen die Bank gemeinsam durch den Raum.

Jetzt haben wir viel geerntet und der Bauer nimmt uns wieder mit auf seinem Traktor, also alle einsteigen.

Kinder setzen sich auf die Matte und wackeln hin und her.

Weil ihr alle so fleißig geholfen habt, lädt uns der Bauer ein, die frisch geernteten Äpfel mit ihm zu essen.

Gemeinsam essen die Kinder die imaginären Äpfel und beenden so diese Bewegungseinheit.

Sachgespräch Rezept für eine Gemüsesuppe

Alter: ab 4 Jahren
Material: Supermarktprospekte (die Obst- und Gemüsesorten enthalten), Schere, Kleber, Kartoffel, Malblätter, Stifte

Zur Erntezeit bietet es sich an, gemeinsam eine Gemüsesuppe zu kochen. Die Kinder bestimmen dabei das Rezept.

Die Kinder sitzen um einen Tisch, in der Mitte liegt eine Kartoffel. Fragen an die Kinder:

- *Was liegt vor uns auf dem Tisch?*
- *Ist das ein Obst oder Gemüse?*
- *Was können wir damit alles mach*en?

Die Kinder nennen verschiedene Kartoffelgerichte, wenn eine Suppe nicht genannt wird, nennt die Fachkraft den Begriff „Gemüsesuppe“.

Eine Kartoffel gehört in eine Gemüsesuppe. Dazu braucht es aber mehr als nur eine Kartoffel – und zwar noch anderes Gemüse.

Die Prospekte werden auf den Tisch gelegt und die Kinder sollen fünf verschiedene Gemüsesorten aus diesen ausschneiden. Jedes Kind behält das ausgeschnittene Gemüse bei sich.

Wenn alle Kinder diese Aufgabe beendet haben, stellt jedes Kind ein Gemüse mit Namen vor und legt es in die Mitte. Die Kinder sollen dabei immer ein Gemüse benennen, das noch nicht genannt wurde.

Wenn alle Sorten einmal in der Mitte liegen, betrachten es alle noch einmal und erstellen eine Reihenfolge von „esse ich gerne“ bis „das mag ich gar nicht“. Dabei auf eine Kartoffel zeigen und die Kinder geben Handzeichen wer, eine Kartoffel gerne isst. Die Handzeichen abzählen, dann kommt das nächste Gemüse dran. Anhand der Handzeichen vor oder nach der Kartoffel sortieren. Wenn keiner sich meldet, wird das Gemüse zunächst auf die Seite gelegt. Sind alle Gemüsesorten abgefragt, sehen die Kinder anhand der Reihenfolge, welche Gemüsesorten sie besonders gerne essen – und diese sollen auch in der Gemüsesuppe sein.

Daraus wird nun die Einkaufsliste erstellt. Auf das Malpapier kleben die Kinder die Gemüsesorten entsprechend der Rangfolge untereinander und bestimmen die Menge.

Zum Beispiel: Wir brauchen für unsere Suppe sieben Kartoffeln, die Kinder machen hinter der aufgeklebten Kartoffel sieben Striche, wir brauchen acht Möhren. So verfahren sie weiter, bis alle Mengen bestimmt sind.

Mit den Kindern und dem Einkaufszettel einkaufen gehen, dafür eignet sich am ehesten ein Marktstand. Dort können die Kinder das Gemüse auswählen und auch selbst dem Verkäufer sagen, welche Menge sie brauchen. Anschließend gemeinsam die Gemüsesuppe kochen.

Tipps:

- Wenn genügend Gemüse ausgeschnitten wurde, kann sich jedes Kind einen eigenen Einkaufszettel machen.
- Variante: Die Beschäftigung kann auch auf einen Obstsalat übertragen werden, auch dieser eignet sich zur Erntezeit.

Gemüsegarten

Mathematisches Verständnis

Kinder zählen gerne! Bei diesem Angebot wird eine gewisse Menge an gleichem Gemüse einer Zahl zugeordnet.

Alter: ab 4 Jahren
Material: Buntstifte, Schere, Kleber, 10 grüne Malblätter, die Zahlen von 1–10, Kopiervorlage 12 „Gemüsegarten“ (Anhang S. 114)

Die Vorlage mit den Gemüsesorten 10 x kopieren. Die Fachkraft schneidet das Gemüse grob aus: 1 x Salat, 2 x Tomate usw.

Gemeinsam malen die Kinder das Gemüse an und schneiden es aus.

Die Kinder kommen zu einem Kreis zusammen. In der Mitte liegen ein großer Haufen Gemüse und zehn grüne Malblätter, sie stellen die noch leeren „Pflanzbeete“ dar. In jedes Beet pflanzen die Gärtner eine Gemüsesorte. Die Kinder kleben auf jedes Blatt ein anderes Gemüse, ohne dabei auf eine Reihenfolge zu achten.

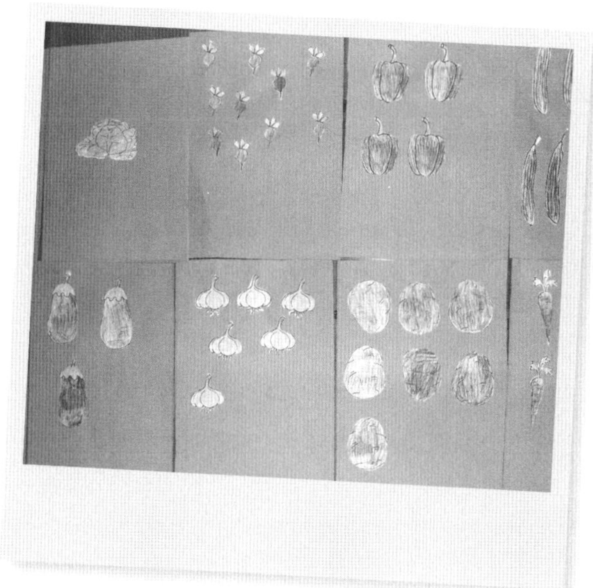

Anschließend verteilen und kleben die Kinder das ausgeschnittene Gemüse auf die Beete. Sie werden erkennen, dass bei jeder Sorte eine andere Anzahl Gemüse liegt. Gemeinsam wird gezählt und den „Pflanzbeeten“ eine Zahl zugeordnet.

Die Kinder bringen die Pflanzbeete in die richtige Reihenfolge von 1 bis 10. Das Gemüse mit der Zahl versehen und im Gruppenraum aufhängen. Dadurch haben die Kinder Anschauungsmaterial und können selbstständig das Zählen üben.

Tipps:
- Diese Übung eignet sich schon für Kinder ab drei Jahren. Hier reduziert die Fachkraft die „Pflanzbeete“ auf fünf.
- Diese Übung lässt sich auch auf Obstsorten oder andere Materialien übertragen.

Farbenlehre

Obst nach Farben

Alter: ab 2 Jahren
Material: DIN-A4-Tonpapier (rot, gelb, orange, grün, blau), Obstschale, Tuch, Obst in verschiedenen Farben

Diese Beschäftigung ist schon für Kinder unter drei Jahren geeignet. Neben den Farben lernen sie auch die verschiedenen Obstsorten kennen.

- gelbes Obst: Banane, Zitrone
- oranges Obst: Mandarine, Orange
- rotes Obst: Apfel, Erdbeere (Himbeere)
- grünes Obst: grüne Trauben, Birne
- blaues Obst: Pflaume, Heidelbeeren

Die Kinder kommen zu einem Kreis zusammen. In der Mitte steht eine mit Obst gefüllte Schale, die mit einem Tuch abgedeckt wurde und drumherum liegt Tonpapier in fünf Farben.

Ohne dass sie das Obst vorher sehen, werden die Kinder nach Farben von Obst gefragt. Die Kinder benennen verschiedene Obstsorten und deren Farbe. Danach werden die mitgebrachten Obstsorten farblich sortiert. Dabei nennt die Fachkraft den Namen des Obstes und die Kinder ergänzen die richtige Farbe. Erst dann wird das Obst aus der abgedeckten Obstschale geholt und auf das richtige Tonpapier gelegt.

Tipp: Die oben genannten Obstsorten sind Anregungen, sie können noch durch andere ergänzt oder ausgetauscht werden.

Mit dem Obst kann nach der Beschäftigung mit den Kindern ein Obstsalat hergestellt werden.

Geschmacks-Kim mit Obst

Wahrnehmung

Vor der eigentlichen Beschäftigung werden die verschiedenen Obstsorten mundgerecht zugeschnitten. Dabei können die Kinder mithelfen.

Die Kinder kommen zu einem Kreis zusammen und auf einem Tisch stehen die vorbereiteten Schälchen mit dem Obst. Zuerst benennen alle das unterschiedliche Obst. Dies ist vor allem für jüngere Kinder wichtig, damit sie zu Beginn des Spieles wissen, was auf sie zukommt.

Ein Kind bekommt die Augen verbunden (hält sich die Augen zu) und öffnet den Mund. Es bekommt mit dem Zahnstocher einen kleinen Happen in den Mund und soll sagen, was es ist. Schön ist es, wenn die Kinder noch beschreiben, wie es schmeckt (saftig, süß, sauer, knackig, weich, ...).

Alter: ab 2 1/2 Jahren
Material: verschiedene Obstsorten (z. B. Apfel, Birne, Trauben, Banane, Mandarine, Himbeeren, Heidelbeeren), Zahnstocher, Schälchen, evtl. Augenbinde

Tipp: Es gibt Kinder, die eine bestimmte Obstsorte nicht essen möchten, und deshalb die Teilnahme ganz verweigern. Hier kann vorab die Frage helfen: „Welches Obst möchtest du nicht essen?" So verlieren die Kinder die. Angst, dass sie etwas in den Mund bekommen, das sie nicht essen möchten.

Der Apfel

Der Apfel ist wohl die bekannteste Obstsorte bei uns. Die ursprüngliche Heimat des Apfels liegt wahrscheinlich in Asien. Die älteste dokumentierte Apfelsorte ist vermutlich der Borsdorfer Apfel, der bereits 1170 von den Zisterziensern erwähnt wurde. Um 1880 gab es mehr als 20.000 Apfelsorten weltweit. Heute gibt es in Deutschland ungefähr 1.500 Sorten, von denen aber lediglich 60 wirtschaftlich bedeutend sind. Die aufwendige Sortenkunde und der Erhalt alter oder nicht mehr industriell genutzter Sorten wird heute von verschiedenen Vereinen betrieben. Im Gartenhandel und bei Direktvermarktern sind derzeit nur noch etwa 30 bis 40 Sorten erhältlich – Tendenz sinkend. In den Supermärkten schrumpft das Angebot sogar auf fünf bis sechs globale Apfelsorten zusammen.

Äpfel werden sowohl als Nahrungsmittel im Obstbau als auch zur Zierde angepflanzt und gehören zur Gattung der Rosengewächse. Der Apfelbaum blüht bei uns im Mai und von seinen Blüten werden meist nur fünf Prozent von den Bienen bestäubt. Dies reicht aus, um einen gut tragenden Apfelbaum zu haben. Am Stängel des Apfels hängt am Anfang die Blüte, aus der dann die Frucht wächst. Die kleine Vertiefung unten am Apfel ist der Stempel, der noch von der Blüte übrig ist. Die Blütenblätter der befruchteten Blüte verwelken und was von der Blüte übrig bleibt, das Fruchtblatt schwillt an und wächst, bis eine Frucht daraus entsteht und erntereif ist. Beim Rohverzehr wird das harte Kerngehäuse zumeist verschmäht. Es wird oft gesagt, dass Äpfel nicht ganz gegessen werden sollen, da ihre Kerne Blausäure enthalten. Der Blausäuregehalt von Apfelsamen ist allerdings sehr gering.

Der Apfel ist neben seinem Rohverzehr vielfältig einsetzbar und vor allem als Saft sehr beliebt.

Geschichte Der Apfelwurm

Alter: ab 2,5 Jahren

Es war einmal an einem schönen sonnigen Herbstmorgen, als etwas winzig Kleines durch das Unterholz kroch. Es hatte einen durchscheinenden Körper und riesige schwarze Kulleraugen. Du ahnst sicherlich schon, von wem hier die Rede ist. Ja, ganz genau! Es war ein kleiner Wurm, der flink über die vielen Hölzchen, Stöckchen und Blätter kroch.

Doch was war denn das? Da lag etwas in der Luft, etwas, das ganz süßlich und fruchtig roch.

Als nun das Würmchen um die Ecke bog, sah es dieses Ding, dessen Duft es so ins Entzücken versetzt hatte. Es war fast so rund wie eine Kugel, hatte oben auf seinem Kopf einen braunen, kurzen Stängel, an dem zwei grüne Blättchen geradezu wie ein kleines Dach wuchsen. Seine Schale war rot. Voller Freude darüber, einen solch wundervollen Fund direkt am frühen Morgen gemacht zu haben, kroch der Wurm näher heran.

Sicherlich hast du ja längst schon erraten, um welches großartige Fundstück es sich hier handelte ... Stimmt, es war ein herrlich duftender, rot glänzender Apfel, der am Boden lag.

Der Wurm umrundete den Apfel und stellte sich vor, dass es wohl ganz etwas Feines sein müsse, wenn er hier in diesem Apfel wohnen könnte. In diesem schönen, glänzenden, fruchtigen, runden Ding. So begann er an dem Apfel zu fressen. Zuerst mal eine Tür. Dann innen aushöhlen für das schöne Zimmer. Er bereitete sich in seiner Apfelhöhle ein schönes Plätzchen. Doch es war ihm zu dunkel und so nagte es sich ein Fenster auf der einen Seite und dann noch eins auf der anderen Seite. Danach kroch unser Würmchen aufs Dach. Welche schöne Aussicht es doch von hier oben hatte. Es schaute entzückt umher, ließ sich den Wind über das Köpfchen wehen und war restlos glücklich mit sich und der Welt. Und wenn unser Würmchen nicht gestorben ist, lebt es sicher noch heute in seinem Apfelhäuschen.

Kreatives Angebot Apfel mit Wurm

Alter: ab 2,5 Jahren
Material: Tonkarton (rot, grün, braun), Schere, Perle, grüner Biegeplüsch, schwarzer Stift, Kleber

Einen Apfelumriss auf den Tonkarton malen und die Kinder schneiden diesen aus. Drei Löcher in den ausgeschnittenen Apfel machen und den Biegeplüsch durch die Löcher fädeln. Auf das eine Ende des Biegeplüschs als Kopf die Perle setzen und mit etwas Kleber fixieren. Nun noch die Augen auf der Perle aufmalen. Aus braunem Tonkarton einen braunen Stiel und zwei kleine grünen Blättchen schneiden und ankleben.

Wir teilen einen Apfel

Mathematisches Verständnis

Alter: ab 3 Jahren
Material: 2 Äpfel, Stoffbeutel, Messer

Mit Kindern gemeinsam Äpfel zu essen ist eine Alltagssituation, bei der die Kinder Erfahrungen machen, etwas Ganzes in Teile zu zerlegen.

Für das Angebot einen Apfel in einen Stoffbeutel legen.

Die Kinder kommen zu einem Kreis zusammen und greifen nacheinander in den Stoffbeutel. Nach der Fühlaktion werden folgende Fragen gestellt:

„Wie fühlt sich der Gegenstand im Beutel an? Ist er rund, eckig, glatt oder rau? Fühlt er sich warm oder kalt an? Was könnte es für ein Gegenstand sein?"

Darauf achten, dass die Kinder nicht sofort den Gegenstand verraten, sondern erst beschreiben, was sie gefühlt haben.

Den Apfel aus dem Stoffbeutel holen und betrachten. Die Kinder zählen weitere Merkmale auf: welche Farbe, hat er einen Stiel oder vielleicht noch ein Blatt daran ...

Das Wort **halbieren** wird eingeführt: Dazu mit einem Messer den Apfel in der Mitte längs durchschneiden. Der Apfel wurde halbiert.

Gemeinsam mit den Kindern werden beide Hälften betrachtet.

Einen weiteren Apfel halbieren, dieses Mal quer. Auch jetzt wurde der Apfel halbiert. Doch wie unterscheidet er sich? In der ersten Apfelhälfte sehen wir nur zwei Kerngehäuse und im zweiten fünf Kerngehäuse, angeordnet wie ein Stern. Mit den Kindern nachsehen, wie viele Kerne sich in jedem Kerngehäuse befinden. Es sind in jedem Kerngehäuse zwei und das heißt, dass es bei fünf Kerngehäusen zusammen 10 Kerne sind.

Im nächsten Schritt werden die beiden Hälften des ersten Apfels nochmals halbiert. Jetzt sind es vier Apfelstücke – der Apfel ist geviertelt.

Den Kindern erklärt die Fachkraft, dass ein Stück des Apfels Viertel genannt wird, weil es ein Teil des Apfels von vieren ist.

Tipp: Zum Schluss singen alle das Lied: „In meinem kleinen Apfel, da sieht es lustig aus." Dieses Lied wiederholt die Beschäftigung, denn es beschreibt die fünf Kerngehäuse und dass in jedem Kerngehäuse zwei Kerne versteckt sind. Die Äpfel werden von den Kindern noch gemeinsam gegessen.

Kreatives Angebot

3D-Apfel

Alter: ab 3 Jahren
Material: Tonkarton (rot, braun, grün), Wolle, Schere, Kleber, Vorlage 14 „3D-Apfel" (Anhang S. 116)

Den Apfel dreimal auf den roten Tonkarton übertragen, den Stiel auf den braunen und das Blatt auf den grünen Tonkarton. Die Kinder schneiden alle Teile aus.

Alle drei Äpfel in der Mitte längs falten. Auf einer Hälfte etwas Kleber auftragen und eine Hälfte des zweiten Apfels passend ankleben, mit dem dritten Apfel gleich verfahren. Nicht vergessen, bevor der dritte Apfel an den ersten Apfel geklebt wird, den Stiel dazwischen legen! Am Stiel noch das Blatt ankleben. Zum Aufhängen oben am Stiel einen Faden anbringen.

Kreatives Angebot

Drei Äpfel

Alter: ab 3 Jahren
Material: Kopien der Malvorlage, Stifte (rot, grün, gelb), Arbeitsblatt 13 „Drei Äpfel" (Anhang S. 115)

Jedes Kind erhält eine Kopie mit folgendem Malauftrag:

- *Male alle Äpfel mit Stiel und Blatt rot an.*
- *Male die Äpfel nur mit Stiel grün an.*
- *Male die Äpfel ohne Stiel und ohne Blatt gelb an.*

Apfel-Legespiel

Spiel

Alter: ab 2 Jahren
Material: 5 weiße Pappteller, rote Fingerfarbe, Pinsel, Schere, Kleber, Tonpapier (schwarz, grün, braun)

Die fünf Pappteller sollen einen Apfel darstellen, der Biss für Biss immer weniger wird.

- Alle fünf Teller mit einem Stiel und einem Blatt versehen.
- Der erste Teller ist noch ganz, deshalb die ganze Fläche rot anmalen.
- Beim zweiten Teller auf einer Seite einen Biss weiß lassen und ausschneiden.
- Beim dritten Teller auf beiden Seiten einen Biss weiß lassen und ausschneiden.
- Beim vierten und fünften Teller etwas mehr vom „Biss" abschneiden.
- Die letzten beiden Teller nur noch oben und unten am Rand mit roter Farbe bemalen und in der weißen Mitte mit vier bzw. zwei Kernen versehen.

Die Kinder kommen zu einem Kreis zusammen, die Äpfel liegen unsortiert vor ihnen. Gemeinsam wird der Apfel in die richtige Reihenfolge gebracht.

Tipp: Die einzelnen Äpfel fotografieren und so kann das Legespiel auch als Tischspiel genutzt werden. Wenn die Fotos doppelt sind, sogar als Memory.

Getreidesorten

Weizen, Roggen, Gerste und Hafer sind Getreidearten, die bei uns in Deutschland angebaut werden.

Weizen und Roggen werden hauptsächlich für Backwaren verwendet, während Gerste und Hafer als Tierfutter dienen.

Die Getreidekörner werden Ähren oder Rispen genannt. Die „Haare" sind die Grannen.

Der Weizen lässt sich dadurch von den anderen Getreidearten gut unterscheiden, dass er keine Grannen hat.

Der Roggen hat mittellange Grannen und seine Körner haben eine grau-grüne Farbe.

Die Gerste wird an den extrem langen Grannen erkannt.

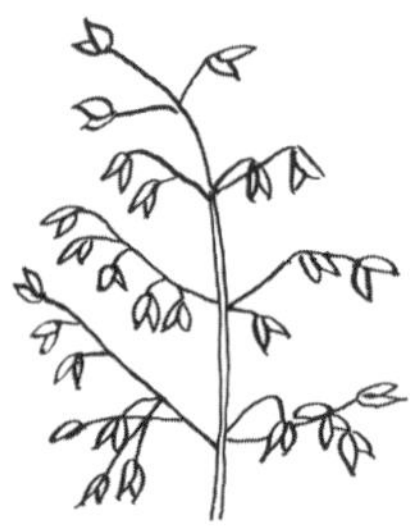

Beim Hafer sitzen die Körner nicht eng zusammen in einer Ähre, sondern hängen wie kleine Glöckchen einzeln nebeneinander. Das heißt auch Rispe.

Vom Korn zum Brot

Legegeschichte

Alter: ab 3 Jahren
Material: Weizen als Körner und Pflanze oder als Bild, Bild Mähdrescher, 1 Schüssel Mehl, 1 frisches Brot, evtl. Brotmesser

Brot wird aus Getreide hergestellt und dazu benötigt es einige Arbeitsschritte:

Verschiedene Getreidesorten werden bereits im Herbst ausgesät. Die Körner keimen schnell und werden zu Grasbüscheln. Im Winter halten sie aber Winterruhe. Erst im Frühling und Sommer wachsen und reifen die Pflanzen weiter. Im Spätsommer und Herbst wird geerntet. Meist, wenn es schon sehr trocken aussieht.

Weizenkörner und Ähren in die Mitte legen.

Heute erfolgt die Getreideernte mithilfe großer Mähdrescher. Diese mähen in einem Arbeitsgang das Getreide, dreschen es aus, reinigen das ausgedroschene Korn und legen das Stroh entweder gerollt oder als Ballen auf dem Feld ab.

Bild Mähdrescher in die Mitte legen.

Nach der Ernte wird das Getreide zum Mahlen in die Mühle gebracht. Mühlen werden heutzutage nicht mehr wie früher mit Wasser oder Wind angetrieben, sondern mit Strom. Das Getreide wird von Dreck und Spreu mit einer Luftmaschine getrennt. Dieser Schmutz bleibt in den Sieben hängen. Danach werden die Körner aufgebrochen und zu Mehl zermahlen.

Schüssel mit Mehl

Das Mehl kommt zur Bäckerei, in der es mit weiteren Zutaten zu Teig verarbeitet und im Ofen zu Brot gebacken wird.

Das Brot wird aufgeschnitten und an die Kinder verteilt.

Ähren

Kreatives Angebot

Alter: ab 3 Jahren
Material: gelbe Fingerfarbe, Malpapier, Pinsel

Auf einem Blatt malen die Kinder mit der gelben Farbe und einem Pinsel drei bis vier senkrechte Striche als Halme. Am oberen Ende der Striche drucken die Kinder links und rechts mit dem Finger die Ähren.

Hauswirtschaftliches Tun

Sonnenblumenbrot

Alter: ab 4 Jahren
Material: Mehlsieb, Rührgerät mit Knethaken, Backpapier, hitzebeständige Schüssel, Küchentuch, Backblech, Backofen

Zutaten für zwei Brote:
1000 g Weizenmehl
20–25 g frische Hefe
ca. 500 ml lauwarmes Wasser
1 TL Zucker zum Vorteig
1 gestr. EL Salz
2 EL Sonnenblumenöl
200 g Sonnenblumenkerne (geschält)

Das Mehl in eine Schüssel sieben. In die Mitte des Mehlhaufens eine Vertiefung drücken und die Hefe hinein bröckeln. Die Hefe in der Vertiefung zusammen mit 1 TL Zucker, etwas lauwarmem Wasser und Mehl zu einem Vorteig verrühren und für etwa 10 bis 15 Minuten mit einem Küchentuch abgedeckt ruhen lassen.

Nun den Vorteig mit dem Mehl, Salz, Öl und restlichen lauwarmen Wasser kneten, bis sich der Teig vom Schüsselrand löst. Dies kann von Hand oder in einer Küchenmaschine mit Knethaken geschehen. Die geschälten Sonnenblumenkerne einkneten. Anschließend den Teig wieder mit einem Tuch abdecken und an einem warmen Platz ca. eine Stunde gehen lassen, bis der Teig sein Volumen verdoppelt hat.

Den Teig nochmals gut durchkneten und zu zwei Broten formen. Auf ein mit Backpapier ausgelegtes Backblech legen. Die Laibe vor dem Einschieben in den Backofen mit Wasser oder Milch überstreichen und nach Belieben einige Male quer einschneiden und nochmals ein paar Sonnenblumenkerne darüber streuen. Das Einschneiden soll das unkontrollierte Aufplatzen des Teiges beim Aufgehen im Backofen verhindern.

Im vorgeheizten Backofen bei 200 °C auf der unteren Schiene etwa 40 Minuten backen, dabei zuvor eine hitzebeständige Schüssel mit Wasser auf den Boden der Backröhre stellen und bis zum Ende des Backvorgangs im Backofen stehen lassen.

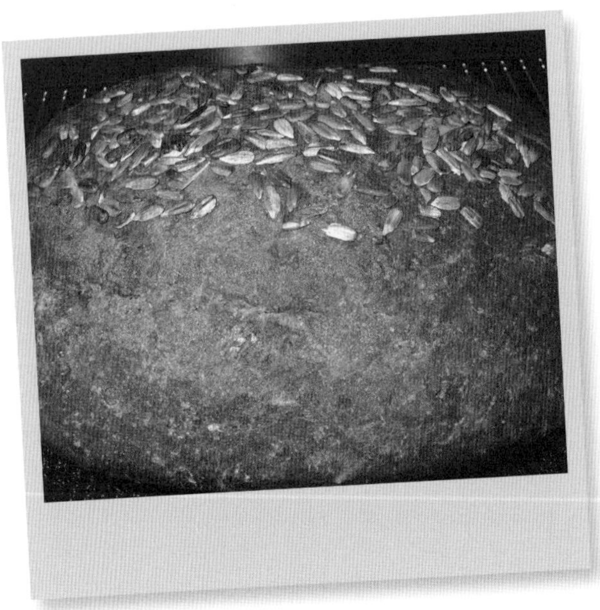

Die Kartoffel

Die Kartoffel, auch Erdapfel genannt, gehört zur Familie der Nachtschattengewächse.

Sie wird als Knolle angepflanzt und verbreitet sich unter der Erde, während sie oben ein Kraut ausbildet.

Die Kartoffel stammt aus den südamerikanischen Anden. Dort lernten die Spanier in der ersten Hälfte des 16. Jahrhunderts von den Inkas die neue Frucht Patata kennen. Nach Europa wurde sie zuerst wegen der schönen Blüte und des üppigen Laubes als reine Zierpflanze importiert und als seltene Pflanze in botanischen Gärten gezeigt.

Die Kartoffel ist eine anspruchslose Bodenfrucht. Heute wird sie als Nutzpflanze weltweit angebaut.

Im Frühjahr werden die Kartoffeln in die Erde gesteckt und im Herbst die Knollen geerntet. Kartoffeln sind frostempfindlich; sie dürfen erst gepflanzt werden, wenn im Frühjahr kein Frost mehr droht. Nicht aus Samen, sondern aus Saatkartoffeln. Das Feld muss mehrmals von Unkraut befreit werden und braucht viel Licht und lange Tage, damit sich viel Grünkraut bilden kann. Die Knollen dagegen dürfen kein Licht sehen, da sie sonst grün und giftig wie der gesamte grüne Teil der Pflanze werden. Zu viel Feuchtigkeit hat Fäulnis zur Folge.

Einen Schädling hat die Kartoffelpflanze, den Kartoffelkäfer. Noch in den Sechzigerjahren des 20. Jahrhunderts sah man in Mitteleuropa ganze Schulklassen den aus den USA stammenden Kartoffelkäfer von Hand sammeln.

Kartoffeln keimen lassen

Versuch

Alter: ab 3 Jahren
Material: Kartoffel (darauf achten, dass die Kartoffel „Augen" hat), Glas, Zahnstocher, großer Blumentopf, Zeitungspapier, Erde

Die Kartoffel in der Mitte halbieren und in vier Seiten Zahnstocher stecken.

Ein Glas mit Wasser füllen und die Kartoffel über das Glas hängen, so dass der geschnittene Teil etwa 1 cm im Wasser hängt. Die nächsten Tage darauf achten, dass die Pflanze immer im Wasser ist. Ist das Wasser zu trübe, wird es gewechselt.

Nach etwa einer Woche keimt die Kartoffel und bildet Wurzeln aus. Man kann die Kartoffel auch auf ein Stück Zeitung legen und warten, das dauert nur etwas länger.

Nach etwa zwei Wochen den Blumentopf zur Hälfte mit Erde füllen und die Kartoffel vorsichtig hineinlegen. Dabei darauf achten, dass die Keime nicht abbrechen! Weitere Erde auf die Kartoffel geben und etwas gießen. Die Erde jetzt auch immer etwas feucht halten und auch zeitweise Erde nachfüllen.

Sobald sich die ersten Blätter zeigen, muss die Pflanze an einen hellen und sonnigen Ort. Bald können die Kinder weiße und lila Blüten an der Pflanze entdecken.

Jetzt sind auch die ersten kleinen Kartoffelknollen in der Erde.

Die Erde vorsichtig auf die Seite schieben und die kleinen Knollen mit den Kindern betrachten.

Ernten können die Kinder die Kartoffeln, sobald die Blätter der Pflanze vergilben – und das ist nach ca. 100 Tagen.

Hauswirtschaftliches Tun

Kartoffelchips aus der Mikrowelle

Alter: ab 4 Jahren
Material: 5 Kartoffeln, Messer, Hobel, Schüssel, Wasser, Geschirrtuch, 20 Holz-Schaschlikspieße, Salz, Auflaufform, Mikrowelle

Die Kartoffeln schälen und in feine Scheiben hobeln.

Die Kartoffelscheiben mit kaltem Wasser waschen, damit die Kartoffelstärke entfernt ist, und mit einem sauberen (!) Geschirrtuch trocknen. Die Scheiben leicht salzen – am besten mit einem Salzstreuer – und lose auf die Holzspieße stecken – die Kartoffelscheiben sollen sich nicht berühren.

Die Spieße auf den Rand der Auflaufform hängen, sodass sich die Kartoffeln auch hier nicht berühren, und für acht Minuten bei 700 Watt in der Mikrowelle trocknen lassen. Sollten die Chips noch feucht sein, ihnen etwa eine halbe bis eine Minute an Zeit zugeben und erst dann rausnehmen und abkühlen lassen.

Der Kartoffelkäfer

Der Kartoffelkäfer ist nach der Pflanze benannt, die er am liebsten frisst, denn er lebt hauptsächlich von deren Blättern.

Kartoffelkäfer gehören zu den Insekten, haben sechs Beine und werden sieben bis 13 Millimeter groß.

Typisch ist ihr Muster: Auf den gelblichen Deckflügeln verlaufen je fünf schwarze Längsstreifen. Auf dem ebenfalls gelben Halsschild tragen sie dunkle Flecken.

Kartoffelkäfer können mit ihren dünnen Beinchen nicht besonders gut laufen, sind aber gute Flieger.

Deshalb können sie sich gut von einem Kartoffelfeld zum nächsten ausbreiten.

Der Kartoffelkäfer

Kreatives Angebot

Alter: ab 4 Jahren
Material: hell- und dunkelbrauner Tonkarton, schwarzer Stift, Wackelaugen, Kopiervorlage 15 „Der Kartoffelkäfer" (Anhang S. 116)

Den Körper und zwei Fühler des Kartoffelkafers auf dunkelbraunen Tonkarton, die Flügel zweimal auf den hellbraunen Tonkarton übertragen und ausschneiden.

Alle Teile nach dem Foto zusammenkleben und jedem der Flügel mit dem schwarzen Stift die fünf Streifen aufmalen. Die Wackelaugen am Kopf ankleben.

Bewegungsgeschichte

Knubbel, der Kartoffelkäfer

Alter: ab 3 Jahren
Material: Teppichfliesen, alternativ Sitzkissen

Vor Beginn der Geschichte die Teppichfliesen im Raum verteilen. Die Kinder suchen sich einen Platz und legen sich bequem auf den Boden.

Heute besuchen wir Knubbel, den Kartoffelkäfer. Knubbel lebt in einem Kartoffelfeld und hat dort ein wunderschönes Leben.

Morgens, wenn er aufwacht, streckt und reckt Knubbel sich.

sich auf dem Rücken liegend recken und strecken

Knubbel kugelt sich auch ein paarmal von einer Seite auf die andere Seite!

von einer Seite zur anderen rollen

Die Sonne scheint Knubbel mitten ins Gesicht. Die warmen Strahlen fühlen sich gut an und er streckt sein Köpfchen der Sonne entgegen. Am ganzen Körper spürt er die Wärme.

Gesicht nach oben halten und sich mit beiden Händen über Gesicht und Körper streichen

Nun ist es aber Zeit zum Frühstücken. Flink krabbelt Knubbel los.

auf allen Vieren krabbeln

Puh, das Krabbeln ist Knubbel mit seinen dünnen Beinchen doch etwas zu anstrengend. Er breitet seine Flügel aus und fliegt los.

aufstehen und mit ausgebreiteten Armen durch den Raum fliegen

Seine Augen lässt er über die Kartoffelpflanzen wandern. Er sucht sich die schönste aus und landet auf ihr.

zu einer Teppichfliese laufen

Knubbel merkt, wie hungrig er ist, und frisst sich von Blatt zu Blatt.

von Teppichfliese zu Teppichfliese gehen und „Fressbewegungen" machen (am besten, die Fachkraft sagt die Wechsel an)

Da kommt ein heftiger Wind auf und Knubbel muss sich auf seinem Blatt ganz klein machen.

auf der Teppichfliese knien und sich ganz klein machen

Nun beginnt es zu regnen und Knubbel zieht sich ein Blatt über den Kopf.

Teppichfliese über den Kopf halten

Oh je, der Regen ist aber sehr heftig. Da sucht Knubbel sich doch besser einen geschützteren Platz, sein Blatt nimmt er mit.

aufstehen und zu einer Ecke des Raumes laufen, dabei die Teppichfliese auf dem Kopf balancieren

Puh, das Käferleben ist ganz schön anstrengend! Als der Wind nachlässt, ist Knubbel so müde. Er macht es sich gemütlich und schläft ein.

alle legen sich auf den Boden und schließen die Augen

Bildergeschichte – Volksmärchen

Der Kartoffelkönig

Alter: ab 2 Jahren
Material: Kopiervorlage 16 „Der Kartoffelkönig" (Anhang S. 117)

Bild 1: ***Es war einmal eine große Kiste, die war voll mit Kartoffeln. Prachtvolle Kartoffeln waren darin, eine dicker als die andere.***

Eines Tages kam eine Stimme aus der Kartoffelkiste: „Ich will nicht geschält werden! Ich will auch nicht gekocht werden! Und gegessen werden, das will ich schon gar nicht! Denn ich bin der große Kartoffelkönig!"

Und das war auch wirklich wahr, denn die Kartoffel war so groß wie zwölf andere große Kartoffeln zusammen!

Bild 2: *Da kam die Großmutter, denn sie wollte ein Körbchen Kartoffeln holen. Die wollte sie schälen und zum Mittagessen mit Salz und Wasser kochen. Auch den Kartoffelkönig legte sie in ihr Körbchen und sagte: „Ei, das ist mal eine dicke Kartoffel!"*

Als die Großmutter mit dem Körbchen aus dem Keller kam und über den Hof ging, da sprang der Kartoffelkönig – hops – aus dem Körbchen und rollte so geschwind durch den Hof davon, dass die Großmutter nicht hinterher konnte.

Bild 3: *Der große, dicke Kartoffelkönig rollte über Wiesen und Felder.*

Zuerst begegnete ihm ein Igel, der sagte zu ihm: „Halt, dicke Kartoffel, warte doch ein Weilchen, ich will dich zum Frühstück essen!"

„Nein, nein", rief der Kartoffelkönig. „Die Großmutter mit der Brille hat mich nicht gefangen und du, Igel Stachelfell, kriegst mich auch nicht!"

Und eins, zwei, drei – rollte er weiter bis in den Wald hinauf.

Bild 4: *Da begegnete ihm das Wildschwein, das rief: „Halt, du prachtvolle, dicke Kartoffel! Warte doch ein Weilchen, ich will dich geschwind fressen!"*

„Nein", antwortete der Kartoffelkönig, „die Großmutter mit der Brille hat mich nicht gefangen, Igel Stachelfell hat mich nicht gefangen und du, Wildschwein Grunznickel, kriegst mich auch nicht!"

Und eins, zwei, drei – rollte er auch schon weiter durch den Wald.

Bild 5: *Da begegnete ihm ein Hase, der rief: „Halt, du schöne dicke Kartoffel, warte doch ein Weilchen, ich will dich eben fressen!"*

„Nein", sagte der Kartoffelkönig. „Die Großmutter mit der Brille hat mich nicht gefangen, Igel Stachelfell hat mich nicht gefangen, Wildschwein Grunznickel hat mich nicht gefangen, und du, Hase Langohr, kriegst mich auch nicht!"

Und eins, zwei, drei – rollte er weiter durch den Wald, der große Kartoffelkönig.

Bild 6: *Da begegnete ihm die Hexe Tannenmütterchen und sagte: „Halt, warte doch ein Weilchen, du leckerer Kartoffelkönig, ich will dich nur eben kochen und aufessen!"*

„Nein", rief der Kartoffelkönig. „Die Großmutter mit der Brille hat mich nicht gefangen, Igel Stachelfell hat mich nicht gefangen, Wildschwein Grunznickel hat mich nicht gefangen, Hase Langohr hat mich nicht gefangen und du, Hexe Tannenmütterchen, kriegst mich auch nicht!" Und eins, zwei, drei – rollte er weiter, der große Kartoffelkönig.

Bild 7: *Da begegneten ihm zwei arme Kinder. Sie hatten großen Hunger und sagten: „Ach, was läuft denn da für eine dicke Kartoffel. Wenn wir die zu Hause hätten, dann könnte die Mutter uns einen großen Reibekuchen davon backen – und wir würden endlich wieder einmal richtig satt!"*

Als das der Kartoffelkönig hörte, bekam er Mitleid. Er hielt mitten im Lauf an und – hops – sprang er den armen Kindern ins Körbchen.

Bild 8: *Und die Kinder bekamen zu Hause einen dicken, fetten Reibekuchen. Ja, und das war das Ende des Kartoffelkönigs.*

Feste im Herbst

Erntedank

Ein Erntedankfest mit den Kindern in der Einrichtung zu feiern, das heißt eine Tradition zu pflegen. Es gehört im Christentum zu den ältesten religiösen Festen und geht auf vorchristliche Erntefeiern und Opferfeste zurück, die nach dem Einbringen der letzten Ernte begangen wurden. Solange die Menschen bei ihrer Nahrungsbeschaffung in den Naturkreislauf eingebunden und von diesem abhängig waren, war eine erfolgreiche Ernte und damit die weitere Überlebenssicherung ein wichtiger Anlass für Dankesfeiern. Rituelle Erntefeste, meist verbunden mit großen Opfergaben wie z. B. dem Schlachten von Schweinen, Gänsen oder Schafen, sind damit so alt wie der Ackerbau. Diese Feste fanden jedoch, je nach Region und Klimazone, zu ganz unterschiedlichen Zeitpunkten statt. Seit dem 3. Jahrhundert n. Chr. sind kirchliche Erntedankfeiern belegt, aber erst im 16. Jahrhundert bestimmte die Kirche gewisse Tage für Erntedankpredigten, meist war dies der Sonntag nach Michaelis (29. September), also der erste Sonntag im Oktober. Innerhalb der reformatorischen Kirchen wurde früher auch der Bartholomäustag (24. August), der Sonntag nach Ägidii (1. September) oder nach Martini (11. November) als Erntefesttag begangen.

Der Ursprung des Erntedankfests liegt nicht in biblischen Ereignissen, es ist ein Fest, das die Natur durch den Jahreszeitenwandel bestimmt. So wird Gott an diesem Tag nicht nur für seine Vorsorge und Liebe dem Menschen gegenüber gedankt (Eucharistie), sondern hauptsächlich dafür, dass er die Früchte gedeihen ließ und für eine reiche Ernte gesorgt hat.

Erntekorb

Kreatives Angebot

Alter: ab 4 Jahren
Material: Malblätter, Kleber, buntes Papier, Schere, Plakat, Stifte

Die Kinder setzen sich an einen Tisch und besprechen zu Beginn, was sie ernten können – Obst und Gemüse. Welches Obst und welches Gemüse kennen wir? Die Fachkraft legt ein großes Blatt auf den Tisch und malt einen Korb.

Den Korb füllen die Kinder in einer Gemeinschaftsaktion. Wie und womit sie ihn füllen, bleibt ihnen frei, das Obst und Gemüse wird nicht vorgezeichnet.

Die Kinder können dabei auch entscheiden, ob sie das Obst oder Gemüse malen oder aus buntem Papier ausschneiden. Die Teile werden in den jeweiligen Korb geklebt.

Kreatives Angebot Apfel- und Birne-Tischdeko

Alter: ab 4 Jahren
Material: Fotokarton und Transparentpapier (rot, gelb, grün), Schere, Kleber, Papier (weiß, grün, rot), schwarzer Stift, Kopiervorlage 19 (a und b) zu Tischlaterne (Anhang S. 118)

Bei jeder Erntedankfeier eine schöne Tischdekoration.

Die Vorlage der Birne oder des Apfels auf den jeweiligen Tonkarton übertragen und ausschneiden. Die Öffnungen werden mit dem farblich passenden Transparentpapier beklebt. Die seitlichen Laschen einknicken und mit dem Laternchen zusammenkleben.

Aus dem weißen und roten Papier schneiden die Kinder die Augen und den Mund aus. Die Augen mit Pupillen versehen und das Gesicht aufkleben. Jetzt noch einen Stiel und ein grünes Blatt, jeweils zweimal ausschneiden und oben an der Laterne befestigen.

Feier Erntedankfeier

Alter: ab 3 Jahren
Material: braunes Tuch, Samen, Regentropfen (aus hellblauem Tonkarton) und Sonne (aus gelbem Tonkarton), Korb mit Obst und Gemüse, Kerze

Bei dieser Feier erleben die Kinder, welches Wunder das Wachsen, Reifen und Ernten von Obst und Gemüse ist.

Die Kinder kommen zu einem Kreis zusammen und die Fachkraft beginnt mit einem Gespräch darüber, welches Wunder die Natur uns jedes Jahr erleben lässt.

Es ist ein Wunder, etwas ganz Wunderbares, dass unsere Erde jedes Jahr aufs Neue die Kraft hat, etwas für uns wachsen, blühen und reifen zu lassen. Von diesen Dingen können wir leben. Die Mutter Erde ist es, die uns dabei hilft.

Ein braunes Tuch wird in die Mitte gelegt.

In diese Erde streuen wir Samen.

Samen werden auf dem braunen Tuch verteilt.

Der Regen und die Sonne lassen die Samen aufgehen.

Regentropfen und die Sonne werden auf das braune Tuch gelegt.

Aus den Samen wächst unser Obst und Gemüse, für das wir hier danken möchten.

Ein Korb mit Obst und Gemüse wird neben das Tuch gestellt.

Jedes Kind darf sich aus dem Korb ein Obst oder Gemüse holen. Ihr habt jetzt die Möglichkeit, euch zu bedanken. „Ich bedanke mich z. B. bei dem Apfel, dass er für uns gewachsen ist."

Ein Apfel wird auf das braune Tuch gelegt.

So wird weiter verfahren, bis alle Kinder einmal an der Reihe waren. Eine Kerze wird entzündet und in die Mitte gestellt und das Lied:

„Danke für alle guten Gaben" nach der Melodie von „Danke für diesen guten Morgen" wird gesungen.

Danke für alle guten Gaben

***Danke für alle guten Gaben,
danke, du machst die Äpfel rot.
Danke für alle süßen Trauben,
danke fürs tägliche Brot.
Danke für die Kartoffelfelder,
danke für das Gemüsebeet.
Danke für alle bunten Blätter,
wenn der Sommer geht.
Danke, du lässt den Regen fallen,
danke, du schenkst auch Sonnenschein.
Danke, so können alle Früchte
wachsen und gedeihn.
Danke für deinen reichen Segen,
danke, du lässt uns nie allein.
Danke, auf all unseren Wegen
willst du bei uns sein.***

Geschichte

Die Mäuse feiern Erntedanktag

Alter: ab 3 Jahren

Am Rande eines großen Feldes lebte die Familie Feldmaus. Seit Tagen waren alle sehr aufgeregt, denn das Korn stand reif auf dem Feld und die Äpfel auf den Bäumen am Rande des Feldes sahen so saftig und lecker aus. Opa Maus, der schon einige Ernten erlebt hatte, sagte: „Bald ist Erntetag." „Ist das ein guter Tag für uns?", fragte die kleinste der Feldmäuse. „Es ist der beste Tag des Jahres", erwiderte Oma Maus und lächelte dabei. „Und was machen wir an so einem Erntetag?" „Abwarten und uns freuen", antworte die Oma. Das kleine Mäuschen konnte damit gar nichts anfangen und fragte weiter: „Und auf was freuen wir uns?"

„Zum Beispiel auf die Äpfel", erklärte Oma Maus. „Die drei Bäume am Rande des Feldes sind voll davon. Sie sind reif und schwer." „Die Bäume sind reif und schwer?"

„Nein, du kleines wissbegieriges Mäuschen, die süßen Äpfel natürlich! Sie sind so schwer, dass sie sich nicht mehr an den Zweigen halten können und ins Gras fallen." Opa Maus rieb sich die Pfoten und fuhr fort: „Und dort warten die Äpfel darauf, dass wir kommen. Sie brauchen das Fruchtfleisch nicht mehr und wir fressen es auf, bis nur noch die Kerne übrig bleiben. Die Kerne werden sich wieder in die Erde graben und zu neuen Apfelbäumen heranwachsen."

„Und das leckere, süße Fruchtfleisch dürfen wir das alles fressen?", fragte die kleine Feldmaus.

Opa Maus lachte. „Das gehört sich so, dass müssen wir sogar!"

„Aber nicht nur wir lieben die reifen Früchte, auch die Waldmäuse kommen und überhaupt alle Tiere, die hier leben", sagte Oma Maus. „Ha! Das wird ein Fest! Ein köstlich süßes Schmausefest. Und damit wir es nicht verpassen, sollten wir uns gleich auf den Weg machen."

„Oma Maus hat recht", stimmte Opa Maus zu. „Wir sollten rechtzeitig zur Stelle sein." Er wandte sich seiner Familie zu und rief: „Seid ihr bereit?"

„Ja, ja, ja! Und wie!", rief die ganze Feldmausfamilie, na ja, zumindest alle die, die die Sache mit dem ‚Ernten' schon kannten.

„Ja, ja, ja! Und wie!", rief auch die kleine Feldmaus. „Süß ist gut und süße Früchte sind noch besser und die will ich jetzt alle naschen!"

Da lachten die Mäuse. Manche kicherten noch, als sie sich auf den Weg zum Apfelacker machten.

Als sie aber dort ankamen, verging ihnen das Lachen. Viel war nämlich los auf dem Feld. Menschen waren da, ein Mann, eine Frau und drei Kinder. Mit Erntekörben und einem Erntewagen. Sie versteckten sich nicht wie die Feldmäuse im Gras, um darauf zu warten, dass die schweren Früchte ins Gras plumpsten. Nein, sie pflückten die Äpfel von den Zweigen und füllten sie in ihre Körbe. Sie waren fröhlich und sehr gut gelaunt.

„Ernten ist toll!", rief ein Menschenkind.

„Und Apfelkuchen ist auch toll", sagte ein anderes. „Beeilen wir uns, damit Oma heute noch einen leckeren Kuchen backen kann!"

Und sie pflückten alle drei Bäume leer. Nur ganz oben im Baum hingen noch ein paar Früchte. Es waren die dicksten, schönsten und süßesten Früchte, die die Sonnenstrahlen am meisten geküsst hatten.

„Die sind für die Vögel", sagte der Menschenmann, „sie sollen auch etwas haben."

„Und wir?", fragte eine kleine Waldmaus. „Haben wir nun keinen Erntetag?"

Die Mäuse schwiegen. Sie waren enttäuscht und müde. Und enttäuscht und müde schliefen sie ein in ihrem Versteck, hinter dem großen Stein am Rande der Wiese.

In der Nacht zog ein Gewitter auf, mit viel Wind. Der fuhr wild durch die Kronen der drei Apfelbäume, rüttelte an den Zweigen und peitschte sie hin und her. Und da plumpsten viele der besonders dicken und süßen Äpfel von den oberen Zweigen hinab ins Gras. Dort blieben sie liegen als ein Geschenk des Windes für die Wald- und Wiesentiere. Da staunten sie nicht schlecht, die kleinen Feldmäuse, als sie aufwachten. Jeder fand einen leckeren Apfel und konnte die Kerne darin befreien. Da sagte Opa Maus zu den anderen Mäusen: „Hört gut zu, heute heißt dieser Tag nicht mehr Erntetag, sondern Erntedanktag. Denn für so ein Geschenk müssen wir Danke sagen."

Halloween

Seit einigen Jahren hat dieses Fest auch bei uns Fuß gefasst. Fast jedes Kind weiß, dass Halloween etwas mit Gespenstern, Hexen und Verkleiden zu tun hat. Doch von seiner Entstehungsgeschichte hat kaum jemand hat eine Ahnung.

Halloween wird am 31. Oktober gefeiert und stammt ursprünglich aus Irland. Damals hieß es noch „Samhain". Der 31. Oktober war bei den Kelten der letzte Tag des Jahres. Der Sommer wurde mit großen Feuern verabschiedet und gleichzeitig der Winter begrüßt. Die Menschen bedankten sich bei ihrem Sonnengott für die Ernte, die sie in der warmen Jahreszeit eingebracht hatten, und gedachten an diesem Tag auch der Seelen der Verstorbenen, die an diesem Tag als Geist auf die Erde kamen. Die Tradition des Herbstfestes wurde immer weitergeführt und dabei spielten immer Hexen und Geister eine Rolle, die an diesem Tag auf der Erde herumspuken sollen.

Einige Jahrhunderte später, ungefähr 800 Jahre n. Chr., bestimmte der Papst den 1. November, also den Tag nach dem 31. Oktober, zum Feiertag „Allerheiligen", an dem der christlichen Märtyrer gedacht werden sollte. Aus dem Samhain-Fest wurde Halloween, das Fest am Vorabend zu Allerheiligen. Obwohl das Samhain-Fest schon so lange her ist und die ursprüngliche Bedeutung verloren ging, verkleiden sich die Kinder heute noch als gruselige Gestalten wie Gespenster, Hexen, Zauberer oder Vampire, um Geister abzuschrecken.

Heute ziehen die Kinder verkleidet von Haus zu Haus, klingeln und fordern mit dem Spruch „Süßes oder Saures" Süßigkeiten ein. Und wer nichts gibt, muss mit den Streichen der Kinder rechnen!

Bewegungsgeschichte

Halloween

Alter: ab 4 Jahren
Material: Stühle, Wolle, Langbank, Sprossenwand, Kriechtunnel, für jedes Kind 1 Tuch und 1 Kürbisgesicht (s. Schauriges Kürbisgesicht, S. 96)

Zwischen sechs Stühlen wird Wolle gespannt. An einer Wand sind die schaurigen Kürbisgesichter befestigt. Die Kinder sitzen in einem Kreis und die Fachkraft erzählt die Geschichte.

Gar nicht so weit von hier, da feiern die Menschen gerne Halloween.

Sie stellen Kürbisse vor ihre Tür, hängen Spinnweben auf und dekorieren ihre Häuser innen und außen ganz gruselig.

Doch stellt euch vor, heute Morgen war die gesamte gruselige Dekoration verschwunden. Jemand hat alles gestohlen!

Ich kann mir denken, wer die Dekoration gestohlen hat! Das war bestimmt die Hexe Weeny, die will nämlich dieses Jahr auch Halloween feiern. Kommt mit, wir holen uns die Deko zurück! Wir statten der Hexe einen Besuch ab! Auf geht's!!!

Die Kinder laufen durch den Raum.

Um in das Land von Hexe Weeny zu kommen, müssen wir zunächst einen Fluss überqueren.

Kinder gehen über die Langbank.

Seht ihr da vorne den hohen Berg? Auf den müssen jetzt hoch und auf der anderen Seite wieder runter klettern.

Die Kinder klettern auf der einen Seite die Sprossenwand hoch und auf der anderen Seite wieder herunter.

Huh, jetzt wird's eng! Wir müssen durch das dunkle Rohr. Passt auf, vielleicht sind dort Spinnen!

Kinder kriechen durch den Tunnel.

Und weiter geht`s! Wir haben noch einen langen Weg vor uns.

Die Kinder laufen durch den Raum.

Oh je, vor uns liegt eine riesige Schlucht und keine Brücke ist in Sicht! Aber, keine Angst, ich habe da was – einen Zaubertrank! Wenn wir davon einen Schluck trinken, verwandeln wir uns in Vögel und können so über die Schlucht fliegen.

Die Kinder trinken von dem imaginären Zaubertrank, breiten die Arme aus und fliegen durch den Raum.

Oh, schaut mal, hier ist der Eingang von Weenys Reich und das wird von riesigen Kürbismonstern bewacht. Wie sollen wir da nur vorbeikommen? Ich hab's! Wir nehmen noch einen Schluck vom Zaubertrank, werden klitzekleine Ameisen und krabbeln an den Monstern vorbei.

Kinder trinken erneut und krabbeln als Ameisen weiter.

Geschafft! Wir werden wieder groß und schleichen vorsichtig weiter, damit uns niemand entdeckt.

Die Kinder gehen langsam und vorsichtig durch den Raum.

Halt, bleibt mal stehen! Seht mal, Weeny hat Stolperfallen aufgestellt, da müssen wir vorsichtiq darüber steigen.

Kinder steigen über die zwischen Stühlen gespannten Schnüre.

Da ist es ja, das Haus von Weeny – und wie gruselig sie es geschmückt hat. Schnell runter, sie sitzt vor dem Haus. Wir müssen uns anschleichen.

Kinder schlängeln sich über den Boden.

Wie können wir sie vom Haus weglocken. Ich habe eine Idee.
Wir verwandeln uns in Gespenster, dann erschrickt sie und läuft weg.

Jedes Kind hängt sich ein Tuch um.

Bei 1–2–3 laufen wir los und erschrecken sie.

Die Kinder spielen Gespenster.

Die Hexe ist weg. Wir können alles wieder mitnehmen und unser Halloween-Fest ist gerettet.

Jedes Kind nimmt sich ein Kürbisgesicht von der Wand und darf es mit ins Gruppenzimmer nehmen.

Damit ist diese Bewegungseinheit beendet.

Geschichte Gruselinchens erster Ausflug

Alter: ab 4 Jahren

Auf einem riesigen Schloss wohnt schon seit vielen, vielen Jahren die Familie Grusel, das sind Mama und Papa Grusel mit Gruselinchen. Gruselinchen ist noch ein sehr junges Gespenst und darf bisher nur im Schloss umhergeistern. Doch eines Tages sagt Mama Grusel: „So Gruselinchen, heute Abend ist es so weit, du darfst das Schloss verlassen und dir auch mal die Umgebung ansehen.“ Ach, wie freut sich da das kleine Gespenst. Endlich darf es raus aus dem Schloss. Es kann kaum erwarten, dass es endlich dunkel wird. So fliegt Gruselinchen an diesem finsteren Nebelabend zum Spuken aus dem Schloss heraus.

„Wem ich wohl begegnen werde?“, fragt es sich, „da draußen ist bestimmt viel los. Vielleicht treffe ich die Hexen und Geister, von denen Mama und Papa erzählt haben.“

Mutig, freudig und erwartungsvoll schwebt Gruselinchen auf die Stadt zu.

„Ich, das kleine, mutige Gespenst vom Schloss, werde sie alle erschrecken!“

Wegen des Nebels kann Gruselinchen die Häuser der Stadt nur schemenhaft erkennen. „Die Menschen werden sich erschrecken, wenn ich an ihren Fensterläden rüttele, gespenstisch heule und stöhne. Was für ein Spaß wird das sein!“

„Huhii! Huhaaa!“, brüllt Gruselinchen schon mal probehalber.

„Huhii! Huhaaa!“, kommt ein mehrstimmiges Geheule von irgendwoher. Das kleine Gespenst erschrickt „Wer ist da?“, flüstert Gruselinchen ängstlich.

„Huhiii! Huhaaa!“, heult es da wieder! Und ehe sich das verdutzte Schlossgespenst versieht, ist es von einer wilden Geister-, Monster- und Hexenschar umringt.

Mit „Huhiii!“ und „Huhaaa!“ und viel Geschrei nehmen die Gestalten Gruselinchen in ihre Mitte und ziehen mit ihm heulend und brüllend durchs Dorf.

Gruselinchen weiß nicht, wie ihm geschieht. Es fürchtet sich wie nie zuvor in seinem Gespensterleben. Was hatten diese seltsamen Erscheinungen mit ihm vor? Nun stoppt die Gruppe auch noch vor einem Menschenhaus, klingelt am Tor und veranstaltet dazu einen Höllenlärm. Sie schreien „Süßes oder Saures“ und dazu heulen und brüllen und stöhnen sie so lange, bis die Bewohner des Hauses lachend am Fenster erscheinen und Süßigkeiten und Münzen auf die Straße werfen. Angst vor diesen schaurigen Gestalten jedoch scheinen sie keine zu haben.

Das verwundert das kleine Gespenst, doch schon geht es lärmend weiter von Haus zu Haus durch das ganze Dorf. Haben Mama und Papa ihm nicht erzählt, wie sehr sich die Menschen vor Gespenstern, Hexen und Geistern fürchten?

„Die spinnen, diese Menschen, die sollen doch Angst haben!“, denkt Gruselinchen. „Nein, das ist mir zu langweilig. Was soll ich bloß mit den Süßigkeiten und Geldmünzen anfangen? Nein, dieses blöde Spiel werde ich nicht länger mitmachen.“

Mutig ruft es mit gruseliger Gespensterheulstimme in die Nacht: „Ihr geht mir mächtig auf den Geist, huhihuha, ihr komischen Geister! Huhii! Huhaa!“

Gruselinchen reißt sich von seinen Begleitern los, schwebt zum Waldrand hinüber und macht sich enttäuscht auf den Heimweg.

Im Schloss wird Gruselinchen herzlich von Mama und Papa begrüßt. „Hat dir dein erster Ausflug gefallen?“ „Ganz bestimmt nicht! Ich war ja gar nicht alleine, die ganze Stadt war voll von Hexen, Geistern und anderen Gestalten. Niemand hatte Angst vor mir, niemand hat sich gegruselt. Ich habe vom Spuken die Nase erst einmal gestrichen voll!“ Da fangen die Eltern an zu lachen. „Ach du meine Güte, heute ist ja Halloween, da spielen die Menschen alle etwas verrückt. Sie verkleiden sich und spielen Gespenster. Das hatten wir ganz vergessen!“

Gruselinchen im Schlossturm

Kreatives Angebot

Alter: ab 5 Jahren
Material: Toilettenpapierrolle, graues Papier, schwarzer Stift, weißer Stoff, Schaschlikspieß, Styroporkugel (2–2,5 cm Ø), Flüssigkleber, Schere, weißer Faden

Die Kinder bekleben die Toilettenpapierrolle mit dem grauen Papier und bemalen sie mit Steinen und Fenster – wie bei einer Burg.

Für das Gruselinchen schneiden die Kinder aus dem weißen Stoff einen Kreis von ca. 10 cm Durchmesser aus. Die Styroporkugel kleben sie in die Mitte des Kreises, bedecken sie ganz mit dem Stoff und binden ihn unten an der Kugel mit dem weißen Faden zusammen. Auf den Kopf malen sie ein Geistergesicht.

Die Spitze des Schaschlikspießes bestreichen sie mit Kleber und stecken ihn von unten in die Kugel.

Die Kinder schieben die Figur von unten so durch die Rolle, dass sie das Ende des Stoffes von innen an die Rolle kleben können. Alles trocknen lassen.

Jetzt kann Gruselinchen im Turm verschwinden und schnell wieder hervorgeistern!

Spiel und Kreatives Angebot

Geister-Ringwerfen

Alter: ab 4 Jahren
Material: 3 Papprollen (Küchenrolle), weißes Papier, Schere, Klebeband, schwarzer Stift, Alufolie, Schuhkarton

Die drei Küchenrollen mit dem weißen Papier bekleben und mit einem Geistergesicht versehen. Die Rollen unten dreimal etwa zwei Zentimeter einschneiden, nach außen knicken und auf den umgedrehten Schuhkarton kleben: einen Geist in die Mitte, die beiden anderen jeweils rechts und links am Rand des Kartons.

Als Wurfring ein etwa 30 cm langes Stück Alufolie längs zusammenrollen, zu einem Kreis formen und mit Klebeband zusammenkleben.

Mit diesem Ring werfen die Kinder in einem gewissen Abstand auf die Gespenster.

Spiel und Kreatives Angebot

Geister-Murmelspiel

Alter: ab 4 Jahren
Material: Karton, graues Tonpapier, schwarzer Stift, Murmeln, Kleber, Schere

Den Karton an der Vorderseite oben 3 cm überstehend komplett mit grauem Tonpapier bekleben. Auf diesen überstehenden Teil malen die Kinder die Burgzinnen auf und schneiden sie aus. Unten schneiden sie als Tore für die Murmeln sechs Halbkreise (ca. 4 cm hoch) aus. Die Öffnungen können mit Zahlen versehen werden.

Den Karton auf den Tisch oder Boden stellen. Die Kinder können von einem festgelegten Abstand aus die Murmeln in die Burg rollen.

Geisterkegeln

Spiel und Kreatives Angebot

Alter: ab 3 Jahren
Material: 9 leere Plastikflaschen (1 Liter), weißer Tonkarton, schwarzer Stift, Kleber, Schere, Ball, Kopiervorlage 19 zu Geisterkegeln (Anhang S. 119)

Die Gespenster-Vorlage neunmal auf weißen Tonkarton übertragen und ausschneiden. Die Augen und den Mund als Geistergesicht aufmalen. Die Geister können direkt auf die Flaschen geklebt werden.

Die neun Geisterflaschen wie bei einem Kegelspiel aufstellen. Nacheinander werfen die Kinder die Flaschen mit einem Ball um.

Tipp: Wenn die Flaschen zu schnell umfallen, können sie mit etwas Wasser oder Sand gefüllt und beschwert werden.

Geister-Büchsenwerfen

Spiel und Kreatives Angebot

Alter: ab 3 Jahren
Material: 9 gleich große Dosen, weißes Papier, schwarzer Stift, Kleber, Schere, Tennisbälle

Die Dosen mit weißem Papier bekleben und die Augen und den Mund mit dem schwarzen Stift als Geistergesicht aufmalen.

Die Büchsen zu einer Pyramide auf einem Tisch stapeln und in einem festgelegten Abstand die Büchsen mit den Tennisbällen vom Tisch werfen.

Kreatives Angebot

Gespensterlaterne

Alter: ab 4 Jahren
Material: weißer Tonkarton, weißes Transparentpapier, Schere, Kleber, weiche Unterlage, Prickelnadel, Vorlage 18 Gespensterlaterne (Anhang S. 119)

Die Vorlage zweimal auf weißen Tonkarton übertragen. Den Umriss des Gespenstes mit der Schere ausschneiden und innen die kleinen Teile (Augen und Mund) mit der Prickelnadel ausstechen. Beide Rückseiten mit dem weißen Transparentpapier bekleben. Für den Mittelteil (Boden und Seiten) einen Streifen Tonkarton (17 cm breit und 54 cm lang) zuschneiden. Beide Längsseiten am Rand einen Zentimeter umknicken und mit Zacken versehen. Die Zacken als Klebefläche einknicken und den Streifen in drei gleiche Teile (18 cm) falten. Die beiden Laternenteile an die Zacken kleben.

Kreatives Angebot

Schauriges Kürbisgesicht

Alter: ab 3 Jahren
Material: Pappteller, Fingerfarbe (orange), Pinsel, Papier (grün und schwarz), Schere und Kleber

Die Kinder bemalen die Rückseite des Papptellers mit der orangen Fingerfarbe und lassen sie trocknen. Sie schneiden aus dem grünen Papier ein Blatt aus und aus dem schwarzen Papier Augen und Mund. Nach dem Trocknen schneiden sie den Pappteller etwas oval zu und kleben die Blätter und das Gesicht auf.

St. Martin

Jedes Jahr wird am 11. November der Martinstag gefeiert. An diesem Tag finden vielerorts Martinsumzüge statt. Die Kinder laufen mit Laternen durch die Straßen und singen Martinslieder, meist begleitet von einem Reiter auf einem Pferd, der den Sankt Martin darstellt.

Wer war eigentlich dieser heilige Martin? Er hieß Martin von Tours und wurde 317 in Savaria geboren, das damals zum römischen Reich und heute zu Ungarn gehört. Sein Vater war ein römischer Offizier und so musste auch Martin gegen seinen Willen zum Militär und wurde schon mit 15 Jahren Soldat.

Während dieser Zeit als Soldat trug sich die bekannte Geschichte zu, die wir heute noch im Lied „Sankt Martin" besingen.

Oft gedenken die Menschen einem Heiligen an seinem Todestag, der heilige Martin macht dabei eine Ausnahme. Er starb am 8. November 397, seiner gedacht wird aber am 11. November. Das ist so, weil der 11. November schon vor vielen Jahrhunderten ein Feiertag für die Bauern war, so ähnlich wie ein Erntedankfest, an dem die geernteten Früchte bereits verarbeitet waren und die Arbeit des Sommers beendet war.

Die Geschichte von St. Martin

Der 17-Jährige Soldat Martin war im Norden des heutigen Frankreichs stationiert. An einem eiskalten Tag im Winter ritt er gerade zum Stadttor hinaus, als er auf einen armen Mann traf, der keine wärmende Kleidung anhatte. Der Bettler sprach Martin an und bat um Hilfe.

Kurzerhand zog Martin sein Schwert und teilte seinen Mantel, der wie ein weiter Umhang aussah, in der Mitte durch. Die eine Hälfte gab er dem Bettler, die andere legte er sich um die Schultern.

In der folgenden Nacht hatte Martin einen Traum: In diesem Traum erschien ihm Jesus, der mit dem halben Mantel bekleidet war, den er tags zuvor dem Bettler geschenkt hatte.

Nach diesem nächtlichen Erlebnis beschloss Martin, dem christlichen Glauben beizutreten, und ließ sich taufen. Er wollte das Heer verlassen, doch er hatte sich verpflichtet, dem Militär 25 Jahre lang zu dienen. Sein Vorgesetzter glaubte Martin nicht, dass er die Armee aus religiöser Überzeugung heraus verlassen wolle, er behauptete, dass Martin Angst vor der bevorstehenden Schlacht zwischen den Römern und Germanen habe und beschimpfte ihn als Feigling. Martin blieb jedoch gelassen und kündigte an, dass er unbewaffnet in die Schlacht ziehen würde, da er auf Gott vertraue. Aber es kam gar nicht erst zu einem Kampf, denn der Gegner ergab sich schon vor Beginn der Schlacht. Martin wurde trotz allem Bemühen nicht vorzeitig aus dem Militärdienst entlassen und musste seine vollen 25 Jahre dienen. Im Alter von 40 Jahren durfte Martin dann endlich das Heer verlassen und konnte sich von Bischof Hilarius zum Priester ausbilden lassen. Martin galt als gutherzig und großzügig. Die Menschen liebten ihn und wollten ihn zum Bischof von Tours wählen. Aber Martin wollte nicht Bischof werden, weil er sich für diese Position als nicht „würdig" genug empfand. Angeblich war ihm die Situation so unangenehm, dass er sich in einem Gänsestall versteckt haben soll. Doch die Gänse schnatterten so laut, dass er dort gefunden wurde. Und so wurde er im Jahr 372 zum Bischof ernannt. Für Martin sollte sich aber nichts ändern: Er blieb so bescheiden, wie er auch als Priester gelebt hatte, lebte in Askese, das bedeutet, er verzichtete auf jede Art von Luxus, obwohl er als Bischof auch ein Leben voller Genuss hätte führen können. Martin war 30 Jahre lang Bischof. Die Menschen verehrten ihn, denn viele Wundertaten und Heilungen werden ihm zugeschrieben.

St. Martin

Legegeschichte

Am 11. November ist der Namenstag des Martin von Tours. Um Kindern seine Geschichte nahezubringen, bietet sich die folgende interaktive Legegeschichte an. Sie ist sehr einfach aufgebaut und sehr gut schon für die Kleinsten geeignet.

Alter: ab 2 Jahren
Material: weißes und grünes Tuch, Bauklötze (für die Figuren und für 2–3 Häuser), Bilder oder Malvorlagen von St. Martin auf einem Pferd, einem Bettler, Gänsen, einem Bischof, 1 rotes Tuch, Wattebällchen, Laminiergerät und Folien, Reißnägel bzw. Kleber

Vorbereitung: Die Bilder ausschneiden und laminieren. Die Figuren mit einem Reißnagel oder Kleber an einem Bauklotz befestigen, so bleiben diese stehen. Ein kleines rotes Tuch in zwei Teile zerschneiden und als Umhang an der Martinsfigur befestigen.

Durchführung: Die Kinder sitzen in einem Kreis und die Geschichte wird vorgelesen. Die Fachkraft bezieht die Kinder so viel wie möglich in die Geschichte ein, indem sie die Kinder die Materialien legen lässt und immer wieder Zwischenfragen stellt, damit die Kinder ihr vorhandenes Wissen einbringen können.

Es war einmal an einem kalten Winterabend. Es war bitterkalt und Schnee bedeckte die Erde.

Das weiße Tuch in die Mitte legen.

Ein Soldat war auf dem Weg nach Hause. Dieser Soldat hieß Martin.

Martinfigur auf das weiße Tuch stellen.

Er ritt auf einem Pferd aus der Stadt und weil ein kalter Wind blies, hüllte er sich in seinen warmen, roten Mantel.

Die Kinder bauen mit den Bauklötzen zwei oder drei Häuser.

Am Stadtrand saß ein armer Mann im Schnee, der kein Zuhause hatte.

Die Bettlerfigur zu den Häusern stellen.

Dieser arme Mann war ein Bettler. Er fror und zitterte am ganzen Körper, denn er hatte keine warmen Kleider und war nur in Lumpen gehüllt. Als es anfing zu schneien, gingen die Leute achtlos an ihm vorbei. Sie wollten nur schnell nach Hause und beachteten ihn gar nicht.

Die Kinder legen als Schnee Wattebällchen um den Bettler.

Als der Bettler Martin kommen sah, rief er: „Hilf mir, guter Mann, oh hilf mir doch!"

Auch Martin sah den Bettler und hielt vor ihm sein Pferd an.

Martin zum Bettler stellen.

Martin hatte Mitleid mit dem armen Mann. Er zog sein Schwert und teilte den dicken, roten Mantel in zwei Teile. Eine Hälfte gab er dem Bettler, die andere Hälfte behielt er selbst.

Einen Teil des roten Tuches am Bettler befestigen.

Der Bettler freute sich und wollte Martin danken, doch der ritt einfach davon.

St. Martin ein Stück vom Bettler entfernen.

Zu Hause legte sich Martin in sein Bett. Im Traum erschien ihm Jesus als der Bettler. Dieser bedankte sich bei ihm und sprach: „Hab dank, du guter Mann, was du an mir getan."

Da beschloss Martin, nicht mehr Soldat zu sein. Er wollte von nun an den Menschen Gutes zu tun, ihnen helfen.

Neben das weiße Tuch ein grünes Tuch legen.

So lebte Martin viele Jahre als Priester und wurde sehr beliebt bei den Menschen in der Stadt, da er zu ihnen immer freundlich und hilfsbereit war. Irgendwann brauchte die Stadt einen neuen Bischof und die Menschen meinten, er solle der neue Bischof werden. Doch Martin weigerte sich, und als sie ihn holen wollten, versteckte er sich in einem Gänsestall.

Gänse auf das grüne Tuch stellen.

Den Gänsen gefiel der fremde Mann im Stall nicht und sie schnatterten laut. Da fanden ihn die Menschen und ernannten ihn zum neuen Bischof der Stadt.

Die Bischofsfigur auf das grüne Tuch stellen.

Als Bischof blieb Martin weiter bescheiden und tat noch viel Gutes. Deshalb feiern wir noch heute jedes Jahr den St.- Martins-Tag, um uns daran zu erinnern, dass auch wir Gutes tun und mit anderen Menschen teilen können.

Zum Abschluss gemeinsam das Lied vom St. Martin singen. So wird die Geschichte noch einmal wiederholt und die Kinder haben dabei die Geschichte vor Augen.

Kreatives Angebot

St. Martin falten

Alter: ab 4 Jahren
Material: braunes und rotes Faltpapier (15 x 15 cm), Tonpapier in Hautfarbe, blaues DIN-A4-Papier, Goldfolie, Stifte, Schere und Kleber, schwarze Wolle, Kopiervorlage 22 (Anhang S. 121)

Für das Pferd wird ein Blatt braunes Faltpapier in der Mitte gefaltet und an dieser Linie durchgeschnitten. Die entstandenen Rechtecke werden beide in der Mitte gefaltet, so entstehen zwei 15 cm lange Streifen.

Einen Streifen im oberen Drittel so umklappen, dass ein rechter Winkel entsteht, das ist der Kopf.

Den zweiten Streifen etwa in der Mitte zum rechten Winkel falten, das ist der Körper.

Diesen so in die Öffnung, des ersten Streifens stecken, dass beide Beine gleich lang sind. Das Pferd auf das blaue Blatt kleben. Mit der Wolle entstehen die Mähne und der Schweif. Den Kopf mit einem Auge versehen. Der Schweif und die Mähne können von den Kindern auch gemalt werden.

Für die Figur St. Martin das rote Faltpapier vierteln.

Aus einem Viertel einen Drachen falten: Dabei das Faltpapier diagonal falten und zwei Ecken zu dieser Linie klappen. Den Drachen als Mantel aufs Pferd kleben.

Mithilfe der Vorlagen den Kopf aus dem hautfarbenen Papier ausschneiden und aufkleben. Das Schwert und den Helm auf Goldfolie übertragen, ausschneiden und ankleben. Der St. Martin bekommt nun noch ein Gesicht.

Tipp: Die Kinder gestalten das Blatt noch weiter aus, mit Schnee, einem Sternenhimmel oder dem sitzenden Bettler.

Ich gehe mit meiner Laterne

Kreatives Angebot

Die Kinder malen das Laternenkind nach ihren Vorstellungen an und geben ihm in die Hand eine Laterne. Nach dem Bemalen schneiden sie ihr Kind aus und kleben alle „Laternenkinder" auf ein blau bemaltes Plakat hintereinander zu einem Laternenumzug.

Alter: ab 3 Jahren
Material: Vorlage 20 „Laternenkind" (Anhang S. 120), Buntstifte, Plakat, blaue Fingerfarbe

Hauswirtschaftliches Tun

Martinsgänse aus Quarkölteig

Alter: ab 3 Jahren
Material: Rührschüssel, Rührgerät mit Knethaken, Wellholz, Backpapier, Ausstecher Gans oder Schablone von Kopiervorlage 23 (Anhang S. 121), Backblech und Ofen

Zutaten für 20 Gänse:
800 g Mehl
400 g Magerquark
200 g Zucker
2 P. Vanillezucker
16 EL Öl
12 EL Milch
2 Eier
1 Prise Salz
2 P. Backpulver
Rosinen für die Augen

Quark, Zucker, Vanillezucker, Salz, Eier, Öl und Milch nach und nach miteinander verrühren. Das Mehl mit dem Backpulver vermischen und mit den restlichen Zutaten zu einem glatten Teig kneten. Jedes Kind bekommt ein Stück Teig und darf es ca. 1 cm dick ausrollen und seine Gans ausstechen. Wenn kein Ausstecher vorhanden ist, die Kopiervorlage ausschneiden und laminieren. Schablone auf den ausgerollten Teig auflegen und mit einem Messer ausschneiden. Ein Rosinenauge setzen und auf ein Blech mit Backpapier legen und im vorgeheizten Backofen (E-Herd 200 °C, Umluft 180 °C) ca. 15–20 Minuten backen.

Martinsgans mit einem Apfel

Kreatives Angebot

Alter: ab 3 Jahren
Material: weiße Serviette, Apfel, weißer Tonkarton, weiße Wolle, Schere, Kleber, schwarzer und gelber Stift, Kopiervorlage 21 zu Martinsgans mit einem Apfel (Anhang S. 120)

Den Apfel in die weiße Serviette verpacken und mit der weißen Wolle zubinden, sodass ein „Schwanz“ entsteht. Die Vorlage des Gänsekopfes auf weißen Tonkarton übertragen und die Kinder schneiden ihn aus. Der Gans den Schnabel gelb malen und auf jeder Seite ein Auge aufmalen. Das andere Ende in der Mitte etwa 1,5 cm einschneiden und nach rechts und links knicken. Dies sind die Klebestellen, mit denen der Gänsekopf an der Serviette befestigt wird.

Tipp: Diese Gänse als Tischdekoration für die Martinsfeier nutzen.

Anhang

Kopiervorlage 1 zu "Herbst-Sudoku" (S. 26)

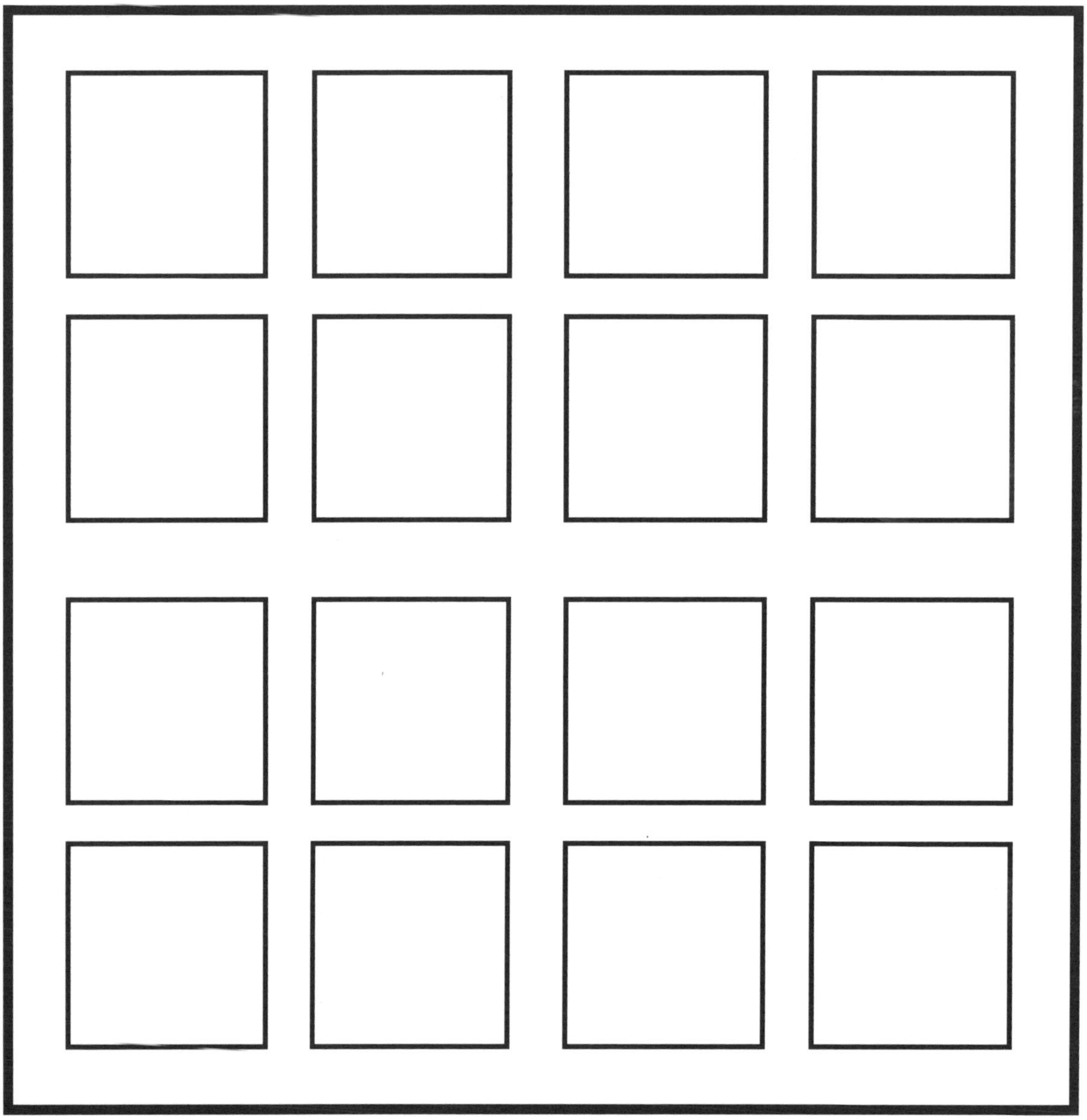

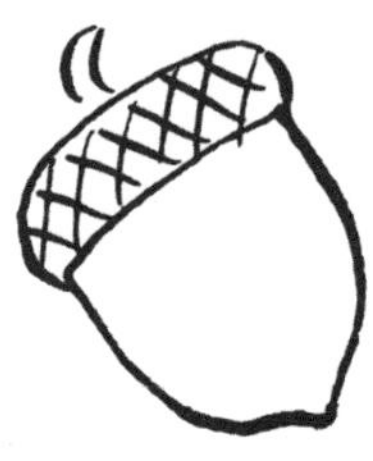

Malvorlage 2 zu „Windstärken" (S. 36)

Vorlage 3 zu „Igel aus Tonkarton" (S. 47)

Vorlage 4 zu „Igellaterne" (S. 52)

Kopiervorlage 5 zu „Rabe Krächz" (S. 53)

Vorlage 6 zu „Rabenvogel an der Hand" (S. 58)

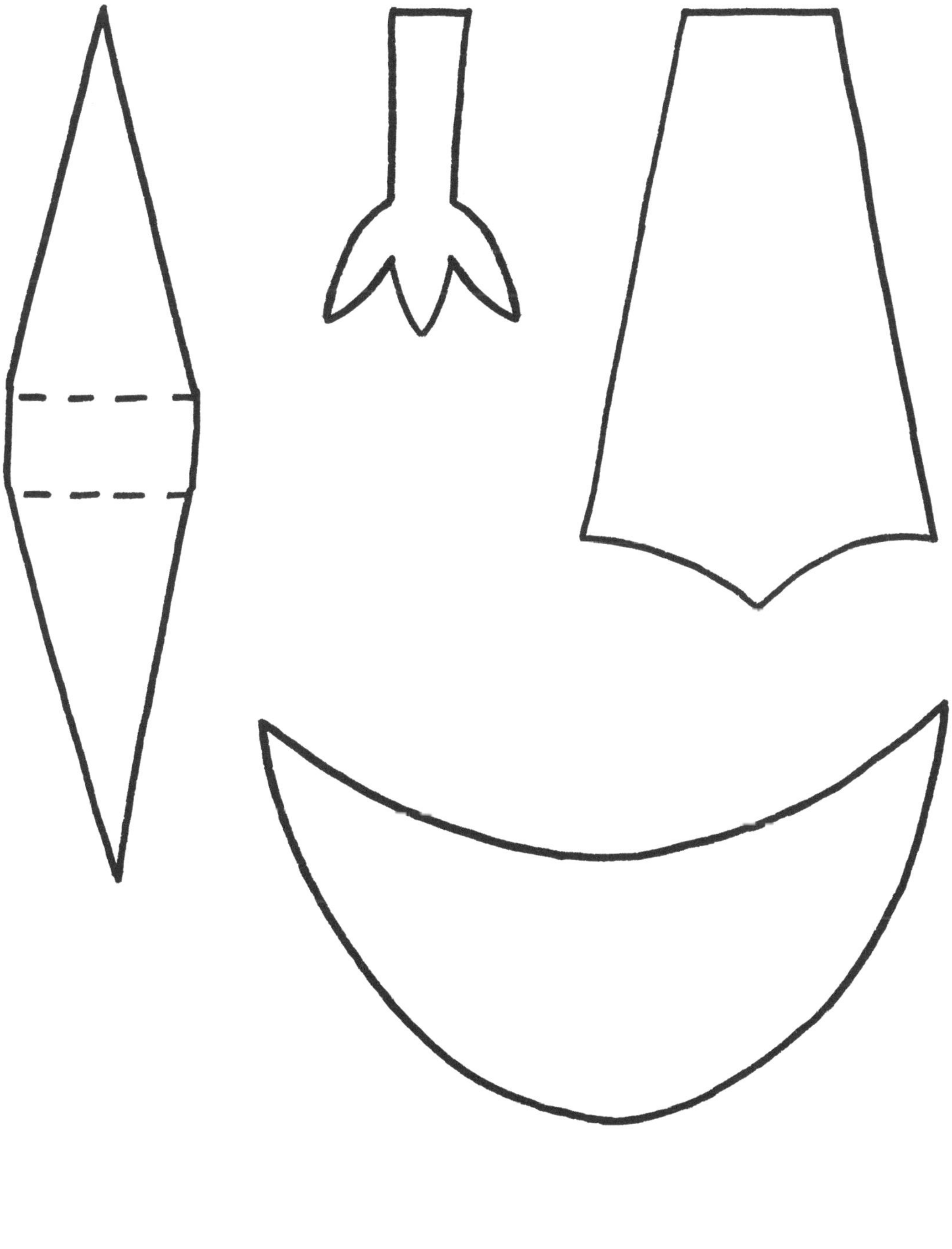

Vorlage 7 zu „Eichhörnchen basteln" (S. 61)

Vorlage 8 zu „Eichhörnchen als Stiftehalter“ (S. 62)

Kopiervorlage 9 zu „Rabenvögel“ (S. 55)

Kolkrabe Rabenkrähe Saatkrähe Dohle

Vorlage 10 zu „Windrad“ (S. 33)

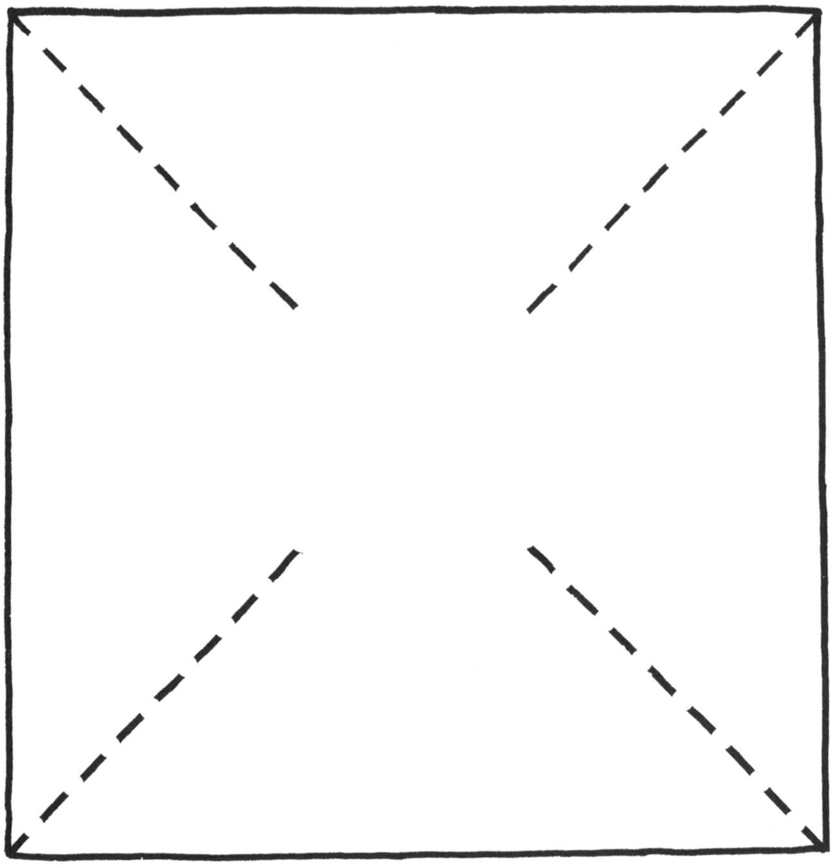

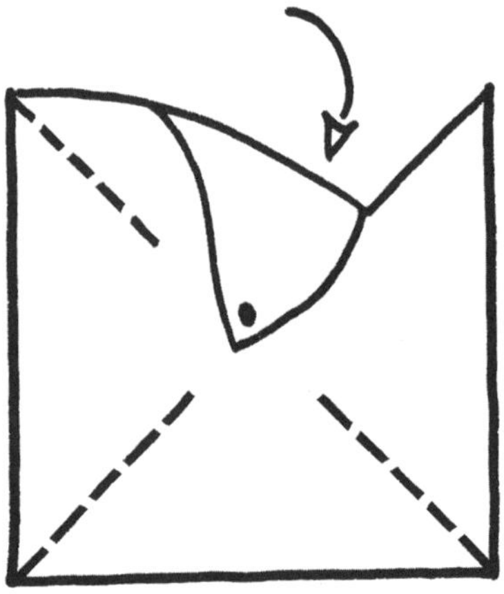

Kopiervorlage 11 zu „Laufigel" (S. 50)

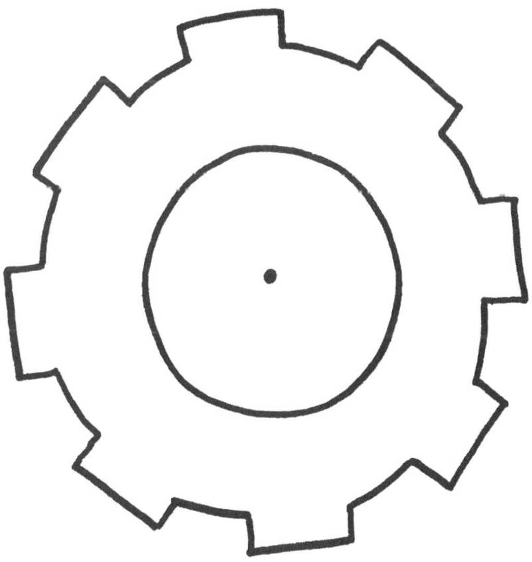

Kopiervorlage 12 zu „Gemüsegarten" (S. 69)

Arbeitsblatt 13 „Drei Äpfel" (S. 74)

Vorlage 14 zu „3D-Apfel" (S. 74)

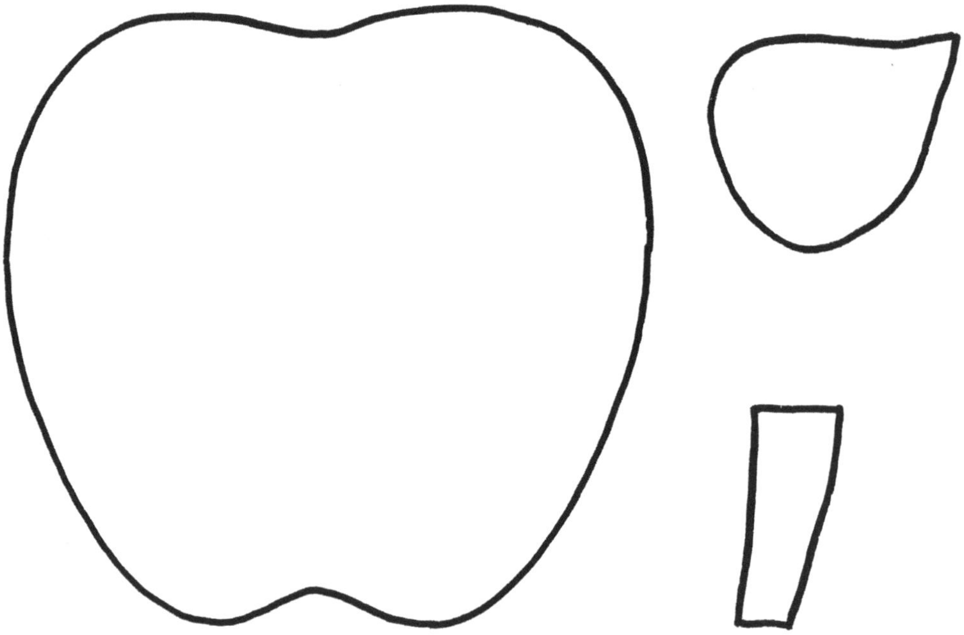

Kopiervorlage 15 „Der Kartoffelkäfer" (S. 81)

Kopiervorlage 16 „Der Kartoffelkönig" (S. 82)

Kopiervorlage 17 a zu „Tischlaterne Apfel" (S. 86)

Kopiervorlage 17 b zu „Tischlaterne Birne" (S. 86)

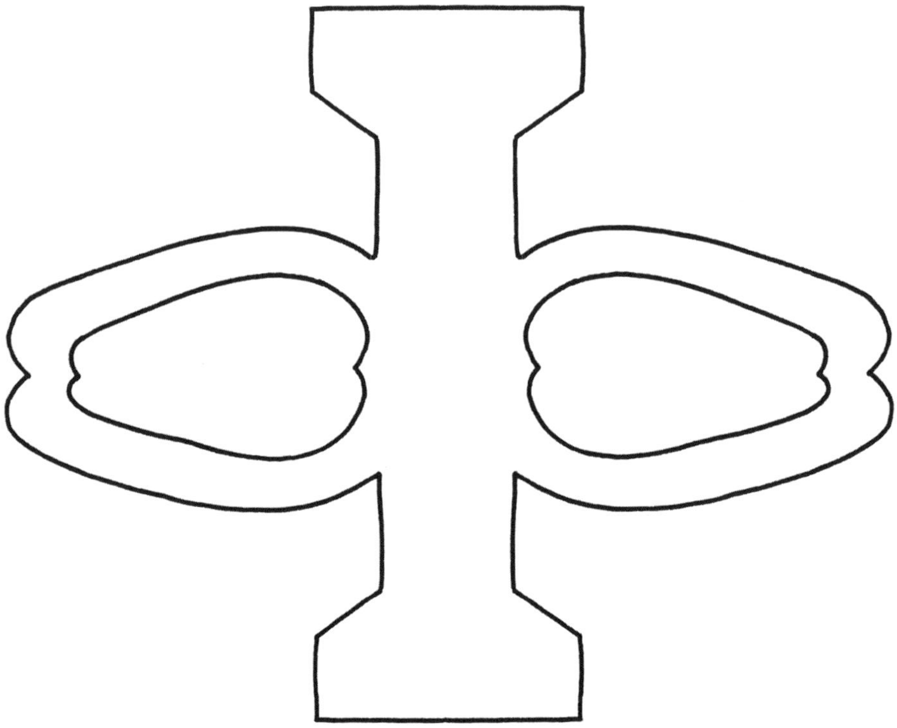

Vorlage 18 zu „Gespensterlaterne" (S. 96)

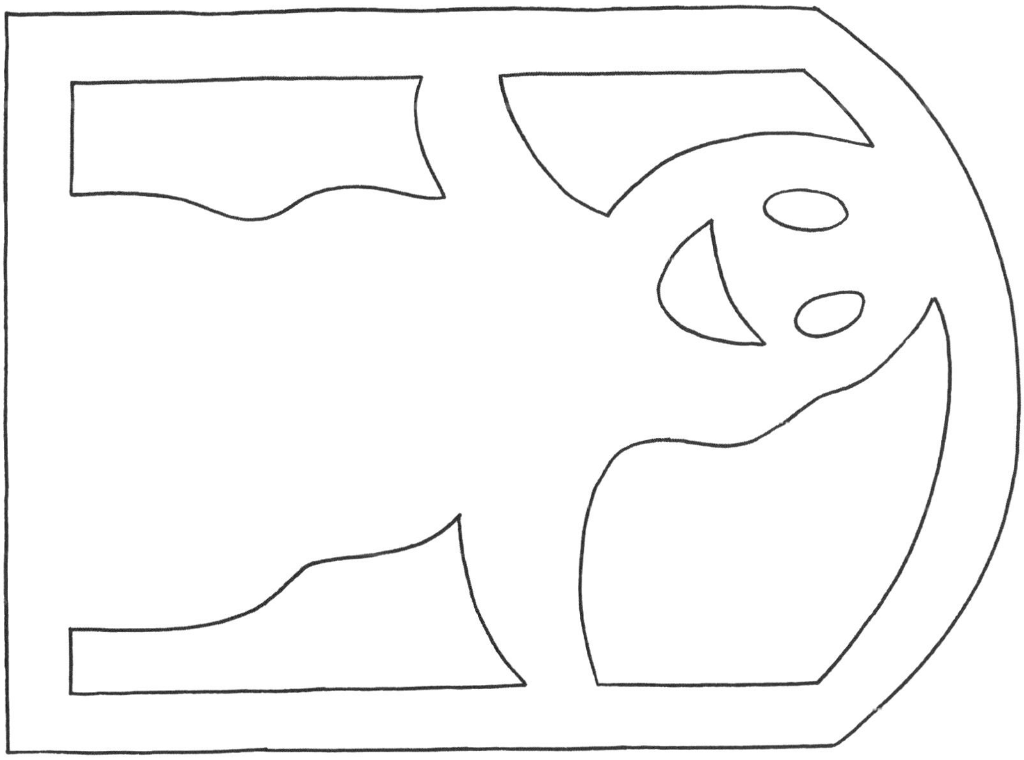

Kopiervorlage 19 zu „Geisterkegeln" (S. 95)

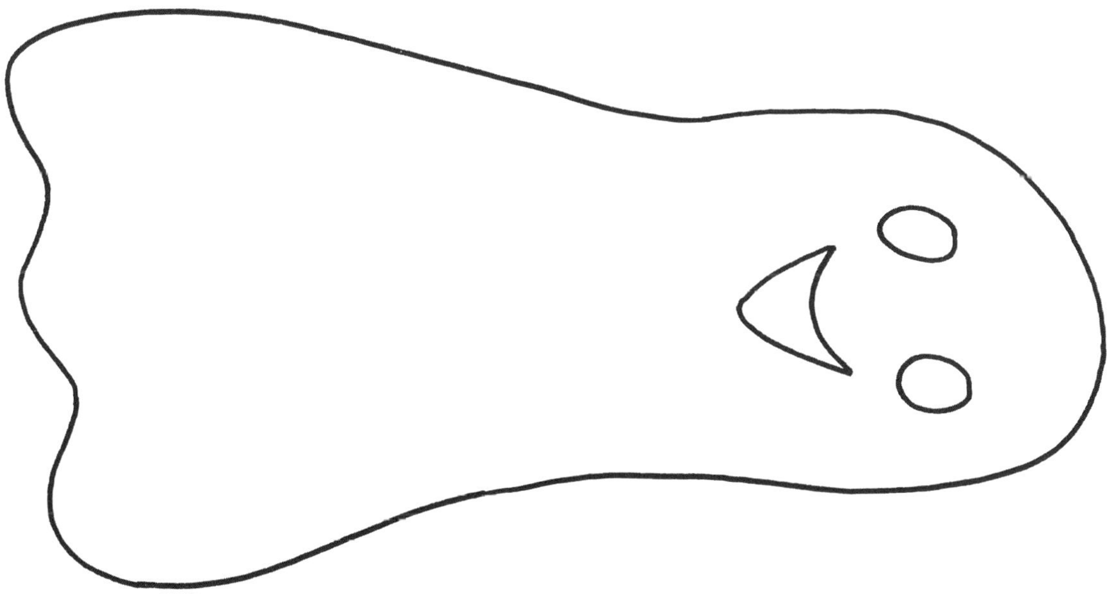

Vorlage 20 zu „Laternenkind" (S. 101)

Kopiervorlage 21 zu „Martinsgans mit einem Apfel" (S. 103)

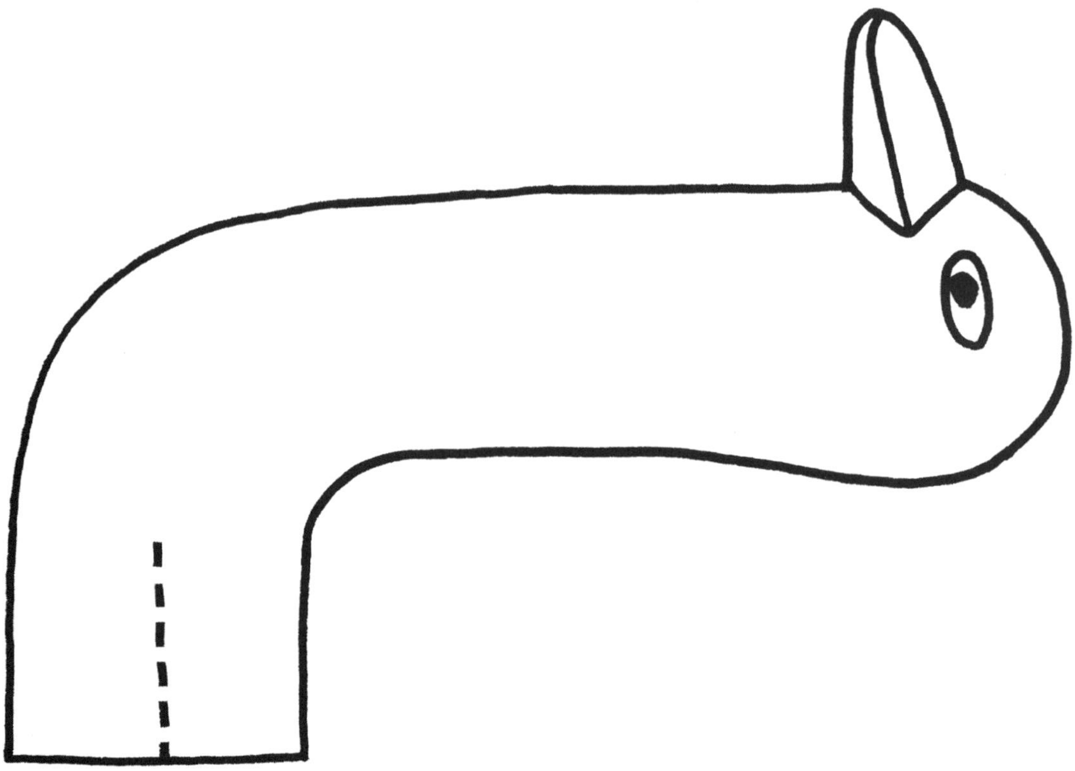

Kopiervorlage 22 zu „St. Martin falten" (S. 100)

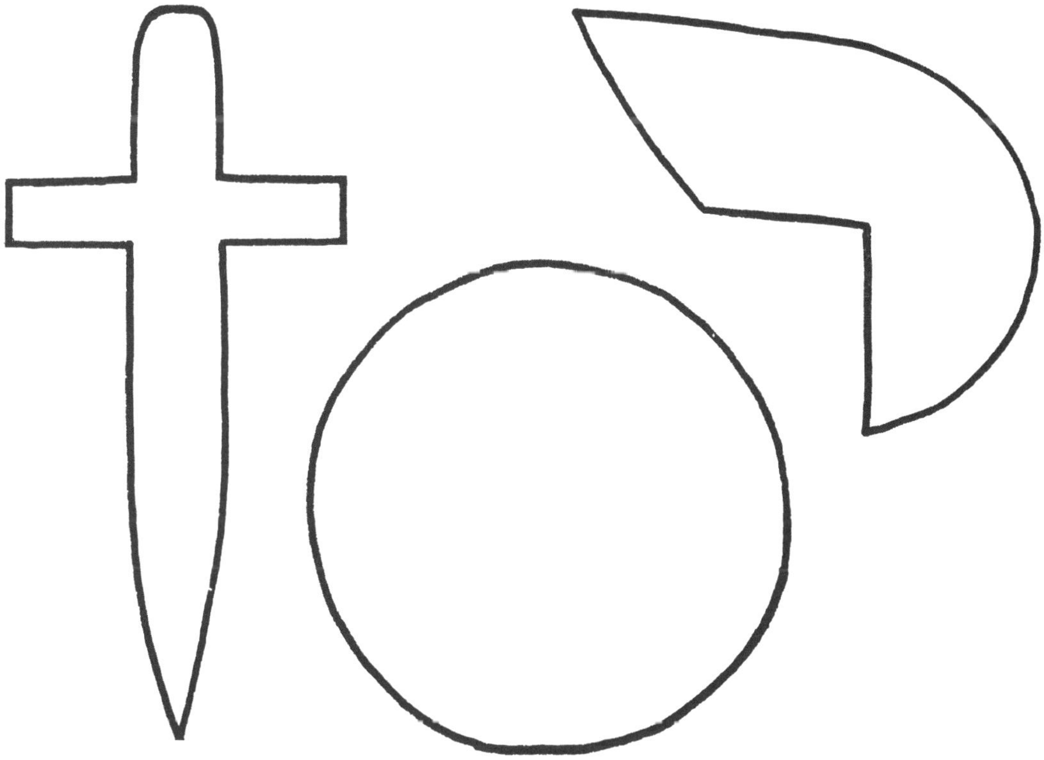

Kopiervorlage 23 zu „Martinsgänse aus Quarkölteig" (S. 102)

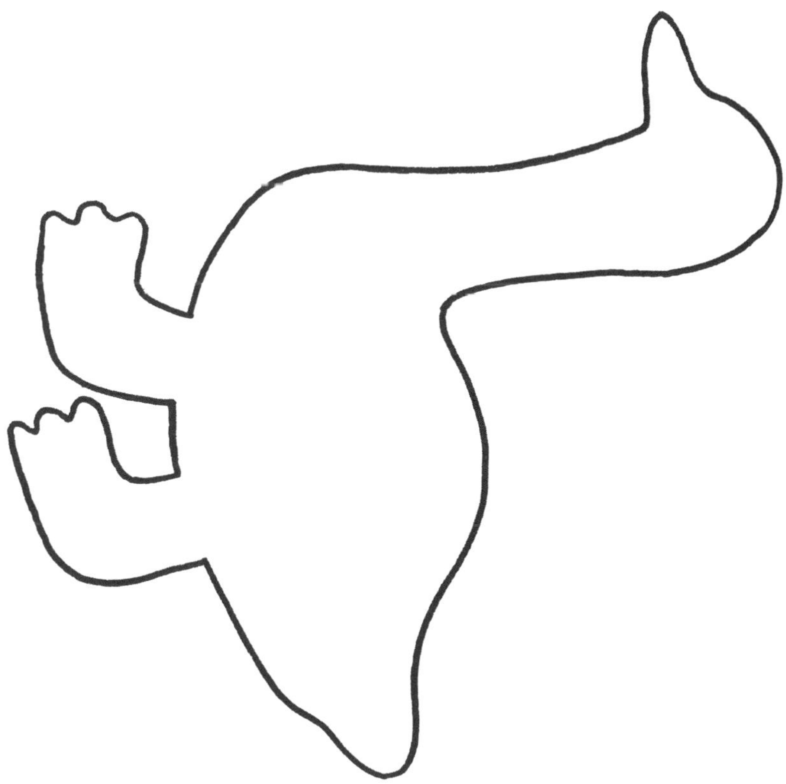

Register

Beobachtung
Den Wind „erfahren“ 31

Bewegungsgeschichte
Die Reise eines Herbstblattes 42
Halloween 90
Jonas, der Drachen 40
Knubbel, der Kartoffelkäfer 82

Bewegungsspiel
Ich bin der Wind 44

Bildergeschichte - Volksmärchen
Der Kartoffelkönig 82

Erlebnisturnen
Erntezeit 67
Spaziergang durch einen Herbstwald 8
Spiel und Spaß im Blätterwald 17

Exkursion
Den Herbst entdecken 6
Sammelaktion Herbstblätter 9

Farbenlehre
Obst nach Farben 70

Feier
Erntedankfeier 86

Fingerspiel
Das Eichhörnchen ist nicht gern allein 64
Mein Drachen will heut fliegen 39
Wenn der Wind bläst 43

Geschichte
Apfelwurm 72
Der Herbstwind außer Rand und Band 34
Der kleine Igel und der Nebel 22
Der Rabe Krächz und die Tiere 54
Die Mäuse feiern Erntedanktag 88
Puschel will nicht raus 60
Gruselinchens erster Ausflug 92

Gespräch
Rabenvögel 55
Gespräch mit Kopiervorlage 36

Hauswirtschaftliches Tun
Kartoffelchips aus der Mikrowelle 80
Martinsgänse aus Quarkölteig 102
Sonnenblumenbrot 78

Klanggeschichte
Theo will keinen Winterschlaf halten 48

Kreatives Angebot
3D-Apfel 74
Ähren 77
Apfel mit Wurm 72
Apfel- und Birnen-Tischdeko 86
Becher-Windmühle 37
Blätterdruck 15
Igel aus Tonkarton 47
Der Kartoffelkäfer 81
Der Rabe Krächz 53
Dohle aus Faltpapier 57
Drachen mit Holzspateln 42
Drei Äpfel 74
Eichhörnchen als Stiftehalter 62
Eichhörnchen basteln 61
Ein Fenster in den Herbstwald 13
Erntekorb 85
Gespensterlaterne 96
Gruselinchen im Schlossturm 93
Herbstbaum 7
Herbstgesichter 16
Ich gehe mit meiner Laterne 101
Igel-Druck 50
Igellaterne 52
Ketten aus Naturmaterial 14
Martinsgans mit einem Apfel 103
Papierdrachen falten 38
Rabenvogel an der Hand 58
Rabenvögel aus Fingerabdrücken 58

Schattendose 21
Schauriges Kürbisgesicht 96
St. Martin falten 100
Windfahne 35
Windrad 33
Wir gestalten einen Baum 11

Kreatives Angebot + Mathematik

Laufigel 50

Legegeschichte

St. Martin 9
Vom Korn zum Brot 77

Mathematisches Verständnis

Blätter sortieren 10
Gemüsegarten 69
Wir teilen einen Apfel 73

Rhythmusgeschichte

Das rhythmische Eichhörnchen 63

Sachgespräch

Rezept für eine Gemüsesuppe 68
Windstärken 36
Windkraftanlage 37

Spiel

Apfel-Legespiel 75
Herbst-Sudoku 26
Laubbläser und Laubsauger 12

Spiel + Kreatives Angebot

Blättermemory 12
Geister-Büchsenwerfen 95
Geisterkegeln 95
Geister-Murmelspiel 94
Geister-Ringwerfen 94

Versuch

Der Wind bewegt 32
Farben im Dunkeln? 20
Kartoffeln keimen lassen 79
Schattenspiele 18
Warum weht der Wind? 29
Was ist Reif? 24

Versuch + Kreatives Angebot

Wetterphänomen Nebel 23

Wahrnehmung

Geschmacks-Kim mit Obst 71

Die Autorin

Anja Mohr, geboren 1968, ist verheiratet und hat zwei erwachsene Söhne. Sie lebt im badischen Forst und ist seit 1989 Erzieherin in Kindertageseinrichtungen. Durch ihre langjährige Berufserfahrung haben ihre Materialien eine besondere Praxisnähe. Darüber hinaus steht sie durch die Anleitung von Erzieherinnen und Erziehern im Anerkennungsjahr im engen Kontakt mit Fachschulen für Sozialpädagogik, wodurch sie immer wieder gefordert wird, sich auf besondere Themen einzustellen. „Ernte, Laub und Sturm" ist der dritte Titel aus der Jahreszeiten-Reihe von Anja Mohr.

Der Illustrator

Boris Braun wurde 1967 in Freiburg im Breisgau geboren. Nach einem Lehramtsstudium in Freiburg folgte ein Illustrationsstudium an der Fachhochschule für Gestaltung in Hamburg mit dem Schwerpunkt „Kinderbuch" bei Prof. Rüdiger Stoye. Heute arbeitet er als freiberuflicher Illustrator hauptsächlich für Postkarten-, Schulbuch- und Kinderbuchverlage.

Bildnachweise
pixabay.com: S.38, S.46, S.53, S.71, S.79, S.81